JN301445

池田大作 20の視点

平和・文化・教育の大道

前原政之 著

第三文明社

国境を超える笑顔の交流。未来を託すアメリカの子どもたちと
(1991年9月27日、ボストン)　©聖教新聞社

はじめに――「20の視点」から浮かび上がる巨人の全体像

本書は、池田大作・創価学会名誉会長という不世出《ふせいしゅつ》の巨人について、その全体像を描き出そうとする試みである。

著者は二〇〇六年に『池田大作　行動と軌跡』（中央公論新社）を上梓《じょうし》したが、そこではオーソドックスに時系列で名誉会長の半生をたどるスタイルをとった。それに対し、本書では名誉会長のこれまでの歩みをテーマ別にたどる構成をとった。その意図について一言しておきたい。

池田名誉会長の思想と行動は、あまりに壮大なスケールをもち、あまりに多面的である。たとえば、「宗教家」の一語でくくろうとすれば、それ以外の多様な側面がすべてこぼれ落ちてしまう。

ゆえに本書では、さまざまな角度から光を当てるように、一つの側面から描いた像を積み重ねることによって全体像を浮き彫りにしようと考えた。「20の視点」から描き出された像が積み重ねられることで、読了後には池田名誉会長の全体像が胸中に浮かび上がる

――そのような一書となることを願ったのである。その試みが成功したか否かは、読者諸賢の判断にゆだねるしかない。

創価学会は「校舎なき民衆大学」とも呼ばれ、会員諸氏は総じて勉強熱心である。全国各地で日々盛んに各種学習会が開かれ、毎月の座談会ではしばしば研究発表がなされる。そして、そのような学びの場において、宗祖日蓮大聖人の御書とともに熱心な学習対象となるのが、池田名誉会長の著作であり、その思想と行動である。

著者が執筆にあたって願ったことの一つは、会員諸氏が名誉会長の思想と行動を学ぶにあたって、それを助けるガイドブックのようなものが作れたら……ということだ。

名誉会長について学ぶための最高のテキストが、名誉会長ご自身の著作であることは、いうまでもない。だが、膨大な著作群の大海に舟を漕ぎ出すにあたっては、まず大まかな方向性を指し示すガイドブックも必要であろう。

「20の視点」はそれぞれコンパクトにまとめられ、会合等で一つのテーマについて学び、発表する際に好適な分量となっている。資料としてご活用いただければ幸甚である。

またもちろん、学会員ではない人々に池田名誉会長の実像の一端を知っていただくためにも、適格な書となるものと信じてやまない。

なお本書は、月刊『第三文明』に足かけ二年にわたって連載された「平和・文化・教育の大道　池田名誉会長を語る」の単行本化である。

第三文明社の方々ならびに資料収集にご協力いただいた聖教新聞社の方々に、それぞれ深く感謝したい。

そして何より、連載の発端から本書発刊に至るまで、浅学非才の著者を終始あたたかく見守ってくださった池田大作先生に、最大の感謝を申し上げたい。

二〇一〇年五月三日

前原政之

池田大作　20の視点【目次】

PART Ⅲ 文化の勇者

PART Ⅳ 人を育む

PART V

絆

装幀／香月さよ子
本文レイアウト／安藤 聡

※本書に登場する方々の役職表記は、原則として掲載時の役職です。

PART
I

未来を拓《ひら》く

絶え間ない「対話の大波」を世界に届けてきた池田名誉会長
（1994年6月1日、イタリア・ボローニャ大学での記念講演）

© 聖教新聞社

視点1 「平和の世紀」を開く行動者

広範《こうはん》な平和行動の中核《ちゅうかく》にある、二つの原点《げんてん》

池田名誉会長の広範《こうはん》な平和行動には、二つの原点《げんてん》がある。その一つは、一九四七年（昭和二十二年）五月末、長兄《ちょうけい》の戦死を知らされた母が見せた深い悲しみの姿であった。その姿を目の当《まあ》たりにしたとき、当時十九歳だった名誉会長の心に、平和への誓《ちか》いが炎《ほのお》と燃《も》えたのだった。名誉会長が生涯《しょうがい》の師・戸田城聖《じょうせい》第二代会長に出会うのは、その日から二ヵ月半後のことである。

そして、もう一つの原点は、一九五七年（昭和三十二年）九月八日になされた、戸田第二代会長による「原水爆禁止宣言《げんすいばくきんしせんげん》」である。

この日、横浜・三ツ沢《みつざわ》競技場で開催《かいさい》された、創価学会青年部の体育大会。そこに集《つど》った五万人余の青年部員（中心者は若き日の池田名誉会長）を前に、「諸君《しょくん》らに今後、遺訓《いくん》すべき

第一のものを、本日は発表いたします」と前置《まえお》いてなされたその宣言は、核兵器《かくへいき》への「絶対的反対《ぜったいてきはんたい》」の表明《ひょうめい》であった。

東西冷戦の真《ま》っ只中《ただなか》で、〝自陣営《じじんえい》の核は容認《ようにん》するが、相手陣営の核には反対する〟などという「相対的反対《そうたいてきはんたい》」がまかり通っていた時代にあって、「原水爆禁止宣言」はイデオロギーを超越《ちょうえつ》していた。イデオロギーではなく、世界の民衆の「生存《せいぞん》の権利」を根拠《こんきょ》に、核兵器を「絶対悪《ぜったいあく》」と規定するものであったのだ。

戸田第二代会長が「遺訓すべき第一のもの」――すなわち最優先《さいゆうせん》で取り組むべき遺命《ゆいめい》として後継《こうけい》の青年たちに託《たく》したのは、「核兵器は絶対悪である」との思想を世界に広めることであった。

第三代会長就任《しゅうにん》後、池田名誉会長は師の遺命をグローバル（地球的）に展開していった。池田会長時代に本格化した創価学会の平和運動は、「原水爆禁止宣言」の精神を受《う》け継《つ》ぐものなのである。

名誉会長自身の平和行動も、「原水爆禁止宣言」を原点としている。だからこそ、名誉会長は、「日中国交正常化」の提言《ていげん》発表（一九六八年）も、一九七四年のソ連（当時）初訪問も、あえて同宣言と同じ九月八日を選んだのだろう。それらの行動が、師の遺志《いし》を継いだ世界平和への一手《いって》であることを示すために……。

「原水爆禁止宣言」が弟子としての原点だとしたら、母の悲しみに触れての平和への誓いは、一人の人間としての原点といえようか。

人の心を結ぶ対話こそ、平和へのたしかな道

池田名誉会長を平和思想家としてとらえた場合、その大きな特長《とくちょう》として、「対話の重視《じゅうし》」ということがまず挙《あ》げられる。世界の識者・指導者たちとの地道《じみち》な対話こそが、迂遠《うえん》のように見えても、じつは平和への確《たし》かな道である――そんな強い確信が、折々《おりおり》のスピーチや著作《ちょさく》などから一貫《いっかん》して感じ取れるのである。

東西冷戦《れいせん》の只中《ただなか》にあった一九六一年、ベルリンの壁《かべ》を訪《おとず》れたおり、同行《どうこう》の青年に「冷戦を終わらせるには、どうしたらよいのでしょうか?」と問われた名誉会長（当時・会長）は、〝東西の指導者たちと対話をし、その平和を願う心に語りかけ、呼《よ》び覚《さ》まし、人と人とを結《むす》んでいくことだ〟と答えた。

その言葉どおり、名誉会長は東西の指導者たちと対話を重《かさ》ねていく。中でも特筆《とくひつ》すべきは、一九七四年九月から翌七五年一月にかけ、わずか五ヵ月の間に米・中・ソ三国の首脳《しゅのう》（ソ連のコスイギン首相、中国の周恩来《しゅうおんらい》総理、米国のキッシンジャー国務長官）と相次《あいつ》いで対話して

いることである。冷戦の〝不信《ふしん》の壁〟に分断《ぶんだん》された大国間に、名誉会長は対話の橋を架《か》けていったのだ。

冷戦構造《こうぞう》すら、指導者たちとの対話の積み重ねによって突《つ》き崩《くず》せるという名誉会長の確信――。そのことについて、「創価大学平和問題研究所」の所長もつとめた高村忠成《たかむらただしげ》・創価大教授は、かつて次のように述べた。

「我々はともすれば、平和というものを〝国家や他の機関などから与えられる〟もの、個人の力《ちから》では手の届《とど》かないものとして認識してしまいがちだ。たとえば、『冷戦構造』という言葉。『構造』であるからには、複雑《ふくざつ》な要素《ようそ》がからみ合っている。社会の仕組《しく》みだから個人の力《ちから》では壊《こわ》せないのだと、誰《だれ》もが思っていた。しかし実際には、冷戦構造は簡単《かんたん》に崩《くず》れたのである。そこにはもちろんさまざまな要因があったが、米ソの首脳《しゅのう》が会談したということが、やはり大きかった。リーダーが決断《けつだん》すれば状況は変えられるという池田名誉会長の考え方の先駆性《せんくせい》が、ポスト冷戦時代の世界の激変《げきへん》のなかで、証明されてきたのだ」(『第三文明』一九九五年九月号「創価学会は平和思想の先駆者」より)

池田名誉会長がソ連・中国・米国を相次《あいつ》いで訪問したころ、「一民間人に何ができるのか」と冷笑《れいしょう》する声も少なくなかった。初訪ソに際《さい》しては、ある記者から「宗教家のあなたが、なぜ(宗教否定《ひてい》のイデオロギーをもつ)ソ連に行くのですか?」と、揶揄《やゆ》を孕《はら》んだ質問を受けたこともある。そのとき、名誉会長は「そこに人間がいるからです」と答えたのだった。

イデオロギーの枠《わく》を超え、「対話こそが平和のための最大の武器」との確信のもと、人と人との心を結《むす》び、平和を模索《もさく》してきた。

制度からではなく、一人ひとりの心を変えることから平和を築《きず》こうとする心。世界平和も一対一の友好《ゆうこう》から始まるという信念《しんねん》。それは、名誉会長の小説『人間革命』をつらぬくテーマ「一人の人間における偉大《いだい》な人間革命は、やがて一国の宿命《しゅくめい》の転換《てんかん》をも成《な》し遂《と》げ、さらに全人類の宿命の転換をも可能にする」とも響《ひび》き合う。

そして、名誉会長が重《かさ》ねてきた「平和への対話」は、現実に世界平和に大きく寄与《きよ》してきた。「池田会長と創価学会が、『冷戦の崩壊《ほうかい》』に大きな影響を与えた」と明言《めいげん》する世界的平和学者もいるほどだ。

もちろん、冷戦崩壊後も、名誉会長の平和行動は間断《かんだん》なくつづけられている。たとえば、一九九六年六月には、緊張《きんちょう》関係にあった米国とキューバを相次《あいつ》いで訪《おとず》れ、キッシンジャー元米国務長官、キューバのカストロ国家評議会議長と会見を行《おこな》った。

世界に広がる、SGIの「平和のネットワーク」

創価学会では、十月二日を「世界平和の日」と定《さだ》めている。一九六〇年のこの日に、池田名誉会長が初の海外訪問となる米・ハワイへ出発し、世界平和に向けての第一歩をしたことが由来《ゆらい》である。太平洋戦争開戦の地であるハワイから、名誉会長はあえて平和への歩《あゆ》みを始めたのだ。

また、「戦争ほど、残酷《ざんこく》なものはない。／戦争ほど、悲惨《ひさん》なものはない」との一節で始まる小説『人間革命』は、日本で最《もっと》も戦争の辛酸《しんさん》をなめた沖縄の地で執筆《しっぴつ》が開始（一九六四年〈昭和三十九年〉十二月二日）されている。

SGI（創価学会インタナショナル）が発足《ほっそく》したのも、一九七五年一月二十六日、グアム島で開催《かいさい》された第一回「世界平和会議《かいぎ》」の席上でのことだった。グアム島もまた、太平洋戦争では米兵約千四百人、日本兵約一万八千人が命を落とした惨禍《さんか》の地であり、だからこそ出発の地として選ばれたのだった。

名誉会長のすべての行動が平和への祈《いの》りに基《もと》づいていること、SGIの運動が本源的《ほんげんてき》に平和を志向《しこう》したものであることが、これらのことからもわかる。

世界五十一ヵ国・地域のメンバーの代表百五十八人が集《つど》った七五年の「世界平和会議」で、あいさつに立った名誉会長は次のように参加者を激励《げきれい》した。

「皆さん方は、どうか、自分自身《じぶんじしん》が花を咲《さ》かせようという気持ちでなくして、全世界に妙法《みょうほう》という平和の種《たね》を蒔《ま》いて、その尊《とうと》い一生《いっしょう》を終わってください。私もそうします」

各国のSGIメンバーへの「不滅《ふめつ》の指《し》針《しん》」として、いまも語《かた》り継《つ》がれる言葉である。

広範《こうはん》な平和行動をつづけ、世界に「平和の種」をまいてきた池田名誉会長。その精神は、毎年「SGIの日」に発表される平和提言《ていげん》、折々《おりおり》のスピーチなどを通じて、世界中のSGIメンバーの心にも受け継がれている。いまや世界百九十二ヵ国・地域に

ニューヨークの国連本部で開催された「核兵器─現代世界の脅威」展（1982年）
© 聖教新聞社

及んだＳＧＩの広がりは、そのまま「平和の種を蒔《ま》く人」の裾野《すその》の広がりであり、「平和のネットワーク」の拡大なのである。

その「平和のネットワーク」が結実《けつじつ》した一つの例が、「原水爆禁止宣言《げんすいばくきんしせんげん》」の精神がストレートに反映《はんえい》されたＳＧＩの平和展示「核兵器《かくへいき》――現代世界の脅威《きょうい》」展である。世界二十四ヶ国三十九都市で開催《かいさい》されてきた同展には、百七十万人の人々が来場《らいじょう》した。「核兵器は絶対悪《ぜったいあく》である」との思想を世界に広めるうえで、大きな役割を果たしたのである。

また、全国に濃密《のうみつ》な地域ネットワークをもつ創価学会ならではの平和活動として、合わせて全百巻にも及ぶ戦争体験集――青年部が編纂《へんさん》した『戦争を知らない世代へ』（全八十巻）と、学会女性平和委員会が編纂した『平和への願いをこめて』（全二十巻）――の刊行が挙《あ》げられる。

「平和の文化」の大きな潮流《ちょうりゅう》を作った

以上に挙げたような池田名誉会長の平和行動、そこに呼応《こおう》して展開されてきたＳＧＩの平和運動は、いわば「目に見える成果」である。それらとは別に、目には見えない多大な平和貢献《こうけん》を、名誉会長とＳＧＩは成《な》し遂《と》げてきた。それは、世界に「平和の文化」の大きな潮流《ちょうりゅう》を作ったということである。

「平和の文化」とは、あらゆる対立を対話によって克服《こくふく》・解決《かいけつ》しようとする価値観・生き方・行動スタイルのこと。その土台《どだい》になるのは、差異《さい》や多様性《たようせい》を尊重《そんちょう》する心だ。一九九九年の国連総会で決議《けつぎ》された「平和の文化に関する宣言及び行動計画」から、広く使われ始めた概念《がいねん》である。

名誉会長は、二〇〇〇年に発表した「平和提言」の中で、この「平和の文化」の概念をふまえて次のように述《の》べている。

「平和といっても遠きにあるものではない。他人を大切にする心を育《はぐく》み、自《みずか》らの振《ふ》る舞《ま》いを通して、地域の中で友情と信頼の絆《きずな》を一つ一つ勝ち取っていく中でこそ、世界は平和へと一歩一歩前進するのです」

具体的な反戦・平和運動や、紛争地《ふんそうち》での活動だけが平和行動なのではない。日常の中で他者《たしゃ》を思いやり、地域友好《ゆうこう》に力《ちから》を尽《つ》くすこともまた、「平和の文化」の構築《こうちく》であり、世界平和につながっている。

世界平和が大海《たいかい》だとしたら、身近な平和は小川《おがわ》である。小川の水の流れがあればこそ、海に注《そそ》ぐ流れも豊《ゆた》かになるのだ。

世界中のＳＧＩメンバーが、池田名誉会長の思想と行動を心に刻《きざ》み、それぞれの立場で「平和の種蒔《たねま》く人」たらんと努力している。そこから生まれる「平和の文化」の潮流《ちょうりゅう》が、世界平和に果たす役割はとてつもなく大きい。名誉会長と対談集も編《あ》んだ歴史家トインビー博士が喝破《かっぱ》したように、そのような「水底《みなそこ》のゆるやかな動き」こそが、「窮極《きゅうきょく》において歴史を作る」のである。

□6カ国協議
1994年「人類史の朝　世界精神の大光」で提言
⇒2003年初会合

□国際刑事裁判所
1995年「不戦の世紀へ　人間共和の潮流」で提言
⇒2003年設置

□対人地雷全面禁止条約
1997年「『地球文明』への新たなる地平」で提言
⇒1999年発効

□子ども兵士の禁止
1999年「平和の凱歌―コスモロジーの再興」で提言
⇒2002年選択議定書発効

□世界連帯基金
2000年「平和の文化　対話の大輪」で提言
⇒2002年設立合意

□核テロ防止条約
2002年「人間主義―地球文明の夜明け」で提言
⇒2005年採択

□平和構築委員会
2004年「内なる精神革命の万波を」で提言
⇒2006年初会合

□クラスター爆弾禁止条約
2008年「平和の大地　人間の凱歌」で提言
⇒2010年8月条約発効

「1・26ＳＧＩの日記念提言」の内容が実現した主な事柄

□**米ソ首脳会談からの核兵器削減**
　1983年「平和と軍縮への新たな提言」で提言
⇒1985年実現

□**包括的核実験禁止**
　1985年「世界へ　世紀へ　平和の波を」で提言
⇒1996年条約採択

□**韓国・北朝鮮の首脳会談**
　1985年「世界へ　世紀へ　平和の波を」で提言
⇒2000年実現

□**アジア・太平洋サミット**
　1986年「恒久平和へ　対話の大道を」で提言
⇒1993年ＡＰＥＣ首脳会議開催など、さまざまな枠組みで実現

□**持続可能な開発のための教育の10年**
　1987年「『民衆の世紀』へ平和の光彩」で提言
⇒2002年採択

□**首脳間の対話を通じたカンボジア和平**
　1988年「平和の鼓動　文化の虹」で提言
⇒1991年調印

□**地球憲章**
　1988年「平和の鼓動　文化の虹」で提言
⇒2000年決定

□**武器輸出規制**
　1993年「新世紀へ　ヒューマニティーの旗」で提言
⇒2006年議論開始決議

視点2 世界を結《むす》ぶ「対話力」

四十年以上に及《およ》ぶ文明間《ぶんめいかん》対話の積《つ》み重《かさ》ね

池田名誉会長は、海外の世界的識者《しきしゃ》・指導者との対話を精力的《せいりょくてき》に重《かさ》ねてきた。

それらの「文明間対話」の起点《きてん》となったのは、一九六七年（昭和四十二年）十月に行《おこな》われた、「欧州統合の父」クーデンホーフ＝カレルギー伯《はく》との会談である。

以来、四十三年――。その間に名誉会長が営々《えいえい》と重ねてきた各国の識者・指導者との対話は優《ゆう》に千六百回を超《こ》え、友誼《ゆうぎ》を結んだ相手は七千人を超えるという。民間人による「文明間対話」としては、世界的にも未曾有《みぞう》のスケールといえよう。

あるフィリピンの識者は、名誉会長について、「おそらく、歴代《れきだい》のどの国連事務総長よりも、多くの大統領や国家指導者と一対一の会談を行っている」と述べた。それは、長い年月の積み重ねがあればこそだ。

過去四十年間で国連事務総長は五回交替《こうたい》したが、名誉会長は創価学会・SGIの最高指導者でありつづけている。ゆえに、世界広布のグローバルな展開につれ、名誉会長の対話のスケールもおのずと広がりを見せてきたのである。

名誉会長と対談集『対話の文明』を編《あ》んだ米・ハーバード大学のドゥ・ウェイミン教授は、「池田会長は対話の達人《たつじん》」と讃《たた》えた。そうした評価は、「対話した人数・回数が多いからすごい」などという単純なものではない。一つひとつの対話が、異《こと》なる文明を結ぶ「懸《か》け橋《はし》」となってきたことが評価されているのだ。

「対話こそ平和の礎《いしずえ》」という強固《きょうこ》な信念《しんねん》

名誉会長が文明間対話に力《ちから》を注《そそ》いできたのは、「対話こそが平和の礎《いしずえ》」という信念ゆえである。その信念を端的《たんてき》に示すものとして、会長就任《しゅうにん》の翌年（一九六一年）にヨーロッパ九ヵ国歴訪《れきほう》の旅に出た際《さい》、ベルリンの壁《かべ》の前で同行メンバーに語った忘れ得ぬ言葉がある。それは、『新・人間革命』第五巻「開道《かいどう》」の章で次のように再現《さいげん》されている。

「東西冷戦の氷の壁を解《と》かすために、私がやろうとしているのは『対話』だよ。西側の首《しゅ》脳《のう》とも、東側の首脳とも、一人の人間として、真剣に語り合うことだ。どんな指導者であれ、また、強大《きょうだい》な権力者であれ、人間は人間なんだよ」

「東西両陣営《じんえい》が互いに敵視《てきし》し合い、核軍拡《ぐんかく》競争を繰《く》り広げているのはなぜか。一言でいえば、相互不信《ふしん》に陥《おちい》っているからだ。これを相互理解《りかい》に変えていく。そのためには、対話の道を開き、人と人とを結んでいくことが不可欠《ふかけつ》になる」

〝文明間対話こそ、迂遠《うえん》のように見えても、平和への確かな道だ〟という確信の言《げん》である。そうした信念をさらに強固なものにしたのは、「二十世紀最大の歴史家」アーノルド・トインビー博士との対談（一九七二～七三年）であった。博士も同じ信念を共有《きょうゆう》していたからである。

のちに対談集『二十一世紀への対話』にまとめられた語《かた》らいの中で博士は次のように、文明間対話の重要性をくり返し強調した。

「私たちの対話が意味するものは、人類全体を、一つの家族として結束《けっそく》させようとする努力です」

「私は、このような対話は、世界の諸民族の融和《ゆうわ》、諸宗教の融合《ゆうごう》に、きわめて重要な役割を果たすものと思います」

そして博士は、対談を終えて池田名誉会長（当時・会長）を見送ったあと、自筆《じひつ》のメモを通訳に託《たく》した。

「世界平和のためには、この方々と対談をしていってください」

——そんな伝言とともに名誉会長に託されたそのメモには、博士の友人でもある世界的識者《しきしゃ》七人の名が書きつらねてあったという。

名誉会長は、トインビー博士に紹介されたそれらの識者とも会見・対談を行《おこな》い、「文明間対話」の道を切り開いていった。二〇〇二年刊のエッセイ集『地球市民の讃歌《さんか》』の中で、名誉会長は博士の言葉を引いて次のように記《しる》している。

「私は、トインビー博士の言葉を〝遺言《ゆいごん》〟とも思い、できうる限り、『対話の道』を切り開いてきたつもりである。

博士が言われたように、多くのロシアの方とも語り合った。中国とソ連とアメリカを相次《あいつ》いで訪れ、首脳《しゅのう》と語り合い、一民間人として、対話と協調の時代への糸口《いとぐち》を模索《もさく》した時もあった。また、米ソの宇宙飛行士による平和宣言《せんげん》を提案《ていあん》したこともあった」

名誉会長が重《かさ》ねてきた文明間対話の相手は、アメリカ・アジア・ロシア・南米・アフリカ・中東と全世界に及《およ》んでいる。その宗教的基盤《きばん》もさまざまで、「宗教間対話」としての意義《いぎ》も大きい。また、国家元首《げんしゅ》から最高峰《さいこうほう》の学者・文化人まで、相手の立場も多様《たよう》である。名誉会長は、博士の〝遺言〟を十二分に果《は》たしたといえよう。

つけくわえるなら、かつて日蓮正宗宗門はそれらの文明間対話を後押《あとお》しするどころか、むしろ邪魔《じゃま》をした。たとえば、一九七五年には名誉会長とローマ法王との会見も予定されていたが、宗門の反対で実現に至《いた》らなかったのだ。

いわゆる「第二次宗門事件」勃発《ぼっぱつ》当初、対話による解決を求めた学会側に対し、宗門側がかたくなに対話を拒否《きょひ》したことは象徴《しょうちょう》的である。閉鎖《へいさ》的・封建《ほうけん》的な宗門のありようは、「対話の時代」に逆行《ぎゃっこう》していた。

文明間対話が結実《けつじつ》した、珠玉《しゅぎょく》の対談集五十余点

池田名誉会長が各国の識者・指導者と編《あ》んだ対談集は、すでに五十点を超《こ》えた。いずれも、名誉会長の広範《こうはん》な文明間対話の結実《けつじつ》である。現在までに二十八言語《げんご》で刊行《かんこう》されている『二十一世紀への対話』を筆頭《ひっとう》に、それらの対談集自体《じたい》が文明の壁《かべ》を越えて読み継《つ》がれ、人々の心を結《むす》んでいる。「池田博士は『平和のための対談集』というジャンルを作った」（フィリピン「リサール協会」のキアンバオ元会長）との評価もあるほどだ。

ＳＧＩを正視眼《せいしがん》で見ることができず、それらの対談に嫉妬心《しっとしん》からの難癖《なんくせ》をつけようとする者も、世の中にはいる。だが、そうした輩《やから》は、以下に述《の》べる三つの真実を見逃《みのが》している。

第一に、名誉会長が行ってきた識者・指導者との対談・会見には、相手側のたっての希望で実現に至ったものが多いことである。

たとえば、文明間対話の起点《きてん》となったクーデンホーフ゠カレルギー伯《はく》との対談（のちに対談集『文明・西と東』として刊行）からしてそうであった。伯は、一九六八年に上梓《じょうし》した著書『美の国――日本への帰郷』（鹿島研究所出版会）に、次のように記しているのだ。

「池田大作と、創価学会の運動に興味を感じていたので、今回の日本旅行に先立って、池田大作との会見をアレンジするように、私の招待者側にお願いしておいたのである」

トインビー博士との対談もしかり。一九六九年九月、博士から名誉会長宛《あ》てに届いた一通のエアメールが、この対談のそもそものきっかけだったのだ。手紙には、次のように綴《つづ》られていた。

「一九六七年に日本に赴《おもむ》いた際《さい》、創価学会とあなたのことについて、多くの人々からうかがいました」

「あなたの思想や著作に強い関心を持つようになり、英訳されている著作や講演集を拝見《はいけん》しました」

「これは提案《ていあん》ですが、私個人としてあなたをロンドンにご招待し、我々《われわれ》二人で、人類が現在直面《ちょくめん》する基本的な諸問題について、対談をしたいと希望します」

第二に、名誉会長の文明間対話が、実際に異《こと》なる文明の人々を結びつける役割を果たしてきたという、厳然《げんぜん》たる事実である。

中国とソ連（当時）の関係が互いの国境に軍を配備《はいび》し合うほどに悪化《あっか》していた一九七四年に、名誉会長が両国の最高指導者と会見を行《おこな》い、自《みずか》ら「懸《か》け橋《はし》」となって緊張緩和《かんわ》に寄与《きよ》したことはよく知られている。この年九月の初訪ソでコスイギン首相（当時）と会見した際、「中国を攻撃するつもりも、孤立化《こりつか》させるつもりもありません」との言葉を引き出した名誉会長は、同年十二月の訪中に際し、中国側の指導者にその言葉を伝えたのだ。

そうした事例《じれい》は、枚挙《まいきょ》にいとまがない。

たとえば、一九八一年の訪ソでチーホノフ首相（当時）と会見した際、名誉会長は「スイスなどよき地を選んで、米大統領と会見を」と提案。四年後の八五年、米ソ首脳《しゅのう》会談はスイスのジュネーブで実現をみた。その会談にソ連書記長として臨《のぞ》んだゴルバチョフ元大統領は、のちに、名誉会長の提案が会談実現に影響を与えたことを明言《めいげん》している。

第三に、名誉会長の文明間対話の多くは一期一会《いちごいちえ》に終わらず、相手との長い友誼《ゆうぎ》に結びついているということである。このこと自体が、対談にまつわる低劣《ていれつ》な中傷《ちゅうしょう》に対する無《む》言《ごん》の反証《はんしょう》となっている。

「心の鎧《よろい》」を脱《ぬ》がせ、胸襟《きょうきん》を開かしめる達人《たつじん》

クーデンホーフ＝カレルギー伯《はく》は、一九六七年に行った池田名誉会長（当時・会長）との初会談の印象《いんしょう》を、次のように綴《つづ》った。

「私は直《ただ》ちに池田の人物に強く感銘《かんめい》した。やっと三十九歳の、この男から発出《はっしゅつ》している動《どう》力性《りょくせい》に打たれたのである。彼は生まれながらの指導者である。（中略）率直《そっちょく》で、友好的で、かつ非常に知性《ちせい》の高い人物である」（前掲『美の国——日本への帰郷』）

当時七十二歳の「欧州統合《とうごう》の父」が、息子ほども年の離《はな》れた名誉会長に、これほど強《きょう》烈《れつ》な印象を受けたのだ。文明間対話の出発点において、若き日の名誉会長はすでに卓抜《たくばつ》な「対話力」を身につけていたのである。

前出《ぜんしゅつ》のドゥ・ウェイミン博士やインドのラダクリシュナン博士らの世界的識者《しきしゃ》をして「対話の達人《たつじん》」と言わしめる、名誉会長の「対話力」。その内実《ないじつ》は、たんなる「立て板に水」の弁舌《べんぜつ》でもなければ、論争術《ろんそうじゅつ》でもない。むしろ、その対極《たいきょく》にあるものだ。名誉会長は、対話相手の思いを引き出す「聞く力《ちから》」、相手の胸襟《きょうきん》を開かしめる力において抜《ぬ》きん出ているのである。

そのことを如実《にょじつ》に示すエピソードがある。一九九二年の、エジプトのムバラク大統領との初会見時の出来事《できごと》だ。

あいさつをかわしてほどなく、大統領は「池田会長、バルコニーへ出て話をつづけませんか?」と提案。地中海の絶景《ぜっけい》が広がるバルコニーで、語らいは大いにはずみ、会見は予定時間の倍《ばい》に及《およ》んだ。そのことを気遣《きづか》う名誉会長に、大統領は「池田会長と語り合うのは楽しい。時間は気にしないでください」と言ったという。(『聖教新聞』一九九二年六月十八日付「SGI会長とムバラク・エジプト大統領との語らい」)

過去に何度も暗殺されかかった経験をもつムバラク大統領は、相手が誰であれ、公的な会見には最高度の警戒をもって臨むといわれる。だが、池田名誉会長との会見に際しては、大統領は最初からたちまち胸襟を開き、リラックスして臨むことができたのである。

この例にみるように、名誉会長の対話力とは、相手の「心の鎧《よろい》」を脱《ぬ》がせる、いわば「対話におけるソフト・パワー」なのだ。そして、その力《ちから》の根底《こんてい》にあるのは、一度友誼《ゆうぎ》を結んだ相手を徹して大切にする誠実《せいじつ》さである。

「心をとざして相対《あいたい》すれば戦いとなり
　胸襟《きょうきん》を開き相語《あいかた》れば平和となる」

――創価学会福岡研修道場の「韓日《かんにち》友好の碑《ひ》」に刻《きざ》まれた言葉である。まさにそのような思いにつらぬかれた、名誉会長の文明間対話。それは静かな力《ちから》となって、世界を平和の方向へと推《お》し進めてきたのだ。

『敦煌の光彩―美と人生を語る』
常書鴻　敦煌研究院名誉院長（中国）
徳間書店（1990年）

『世界市民の対話―平和と人間と国連をめぐって』
ノーマン・カズンズ　ジャーナリスト（アメリカ）
毎日新聞社（1991年）

『大いなる魂の詩』（上下）
チンギス・アイトマートフ　世界的作家（キルギス）
読売新聞社（1991-1992年）

『「宇宙」と「人間」のロマンを語る―天文学と仏教の対話』（上下）
チャンドラ・ウィックラマシンゲ　天文学者（イギリス／スリランカ出身）
毎日新聞社（1992年）

『科学と宗教』（上下）
アナトーリ・ログノフ　モスクワ大学前総長（ロシア）
潮出版社（1994年）

『二十一世紀の人権を語る』
アウストレジェジロ・デ・アタイデ　ブラジル文学アカデミー総裁（ブラジル）
潮出版社（1995年）

『平和への選択』
ヨハン・ガルトゥング　平和学の父（ノルウェー）
毎日新聞社（1995年）

『二十世紀の精神の教訓』（上下）
ミハイル・ゴルバチョフ　ソ連の初代大統領（ロシア）
潮出版社（1996年）

『太平洋の旭日』
パトリシオ・エイルウィン　チリの元大統領（チリ）
河出書房新社（1997年）

『旭日の世紀を求めて』
金庸　現代中国文学の巨匠（中国）
潮出版社（1998年）

『子どもの世界―青少年に贈る哲学』
アリベルト・リハーノフ　国際児童基金協会総裁（ロシア）
第三文明社（1998年）

『美しき獅子の魂―日本とブルガリア』
アクシニア・ジュロヴァ　ソフィア大学教授（ブルガリア）
東洋哲学研究所（1999年）

『健康と人生―生老病死を語る』
ルネ・シマー　モントリオール大学元学長　**ギー・ブルジョ**　モントリオール大学教授（カナダ）
潮出版社（2000年）

『二十一世紀への選択』
マジッド・テヘラニアン　ハワイ大学教授（アメリカ／イラン出身）
潮出版社（2000年）

世界の識者との主な対談集（2010年4月現在）

『文明・西と東』
リヒャルト・クーデンホーフ＝カレルギー　欧州統合の父（オーストリア）
サンケイ新聞社（1972年）

『二十一世紀への対話』（上下）
アーノルド・トインビー　20世紀を代表する歴史家（イギリス）
文藝春秋（1975年）

『人生問答』（上下）
松下幸之助　松下電器産業（現パナソニック）創業者（日本）
潮出版社（1975年）

『人間革命と人間の条件』
アンドレ・マルロー　作家（フランス）
潮出版社（1976年）

『四季の雁書 往復書簡』
井上　靖　作家（日本）
潮出版社（1977年）

『闇は暁を求めて―美と宗教と人間の再発見』
ルネ・ユイグ　世界的美術史家（フランス）
講談社（1981年）

『二十一世紀への警鐘』
アウレリオ・ペッチェイ　「ローマクラブ」創始者（イタリア）
読売新聞社（1984年）

『社会と宗教』（上下）
ブライアン・ウィルソン　国際宗教社会学会元会長（イギリス）
講談社（1985年）

『第三の虹の橋―人間と平和の探求』
アナトーリ・ログノフ　モスクワ大学前総長（ロシア）
毎日新聞社（1987年）

『「平和」と「人生」と「哲学」を語る』
ヘンリー・キッシンジャー　元アメリカ国務長官（アメリカ）
潮出版社（1987年）

『内なる世界―インドと日本』
カラン・シン　世界ヒンディー語財団会長（インド）
東洋哲学研究所（1988年）

『二十一世紀への人間と哲学―新しい人間像を求めて』（上下）
ヨーゼフ・デルボラフ　ボン大学名誉教授（ドイツ）
河出書房新社（1989年）

『「生命の世紀」への探求―科学と平和と健康と』
ライナス・ポーリング　ノーベル化学賞・平和賞受賞者（アメリカ）
読売新聞社（1990年）

『「緑の革命」と「心の革命」』
モンコンブ・スワミナサン　インド近代農業の父・パグウォッシュ会議会長（インド）
潮出版社（2006年）

『地球平和への探求』
ジョセフ・ロートブラット　パグウォッシュ会議名誉会長（イギリス）
潮出版社（2006年）

『美しき生命 地球と生きる―哲人ソローとエマソンを語る』
ロナルド・ボスコ　ソロー協会前会長　**ジョエル・マイアソン**　同協会前事務総長（アメリカ）
毎日新聞社（2006年）

『対話の文明―平和の希望哲学を語る』
ドゥ・ウェイミン　ハーバード大学教授（アメリカ）
第三文明社（2007年）

『人間主義の旗を―寛容・慈悲・対話』
フェリックス・ウンガー　ヨーロッパ科学芸術アカデミー会長（オーストリア）
東洋哲学研究所（2007年）

『今日の世界 明日の文明』
ヌール・ヤーマン　ハーバード大学教授（アメリカ / トルコ出身）
河出書房新社（2007年）

『友情の大草原―モンゴルと日本の語らい』
ドジョーギーン・ツェデブ　作家・モンゴル国立文化芸術大学学長（モンゴル）
潮出版社（2007年）

『二十一世紀の平和と宗教を語る』
ハービー・コックス　ハーバード大学教授（アメリカ）
潮出版社（2008年）

『人道の世紀へ―ガンジーとインドの哲学を語る』
ニーラカンタ・ラダクリシュナン　ガンジー非暴力開発センター所長（インド）
第三文明社（2009年）

『文化と芸術の旅路』
饒宗頤　香港中文大学終身主任教授（香港）　**孫立川**　深圳大学客員教授、作家・エッセイスト（香港）
潮出版社（2009年）

『天文学と仏法を語る』
ロナウド・モウラン　天文学者（ブラジル）
第三文明社（2009年）

『人権の世紀へのメッセージ』
アドルフォ・ペレス＝エスキベル　アルゼンチンの人権活動家。ノーベル平和賞受賞者
東洋哲学研究所（2009年）

『明日をつくる“教育の聖業”』
ハンス・ヘニングセン　アスコー国民高等学校元校長（デンマーク）
潮出版社（2009年）

『教育と文化の王道』
張鏡湖　中国文化大学理事長（台湾）
第三文明社（2010年）

『希望の選択』
デイビッド・クリーガー　核時代平和財団所長（アメリカ）
河出書房新社（2001年）

『カリブの太陽 正義の詩―「キューバの使徒ホセ・マルティ」を語る』
シンティオ・ヴィティエール　ホセ・マルティ研究所所長（キューバ）
潮出版社（2001年）

『新しき人類を 新しき世界を―教育と社会を語る』
ヴィクトル・サドーヴニチィ　モスクワ大学総長（ロシア）
潮出版社（2002年）

『東洋の智慧を語る』
季羨林　中国語言学会会長・国学大師　**蔣忠新**　中国社会科学院正研究員（中国）
東洋哲学研究所（2002年）

『東洋の哲学を語る』
ロケッシュ・チャンドラ　インド文化国際アカデミー理事長（インド）
第三文明社（2002年）

『希望の世紀へ 宝の架け橋―韓日の万代友好を求めて』
趙文富　国立済州大学前総長（韓国）
徳間書店（2002年）

『地球対談輝く女性の世紀へ』
ヘイゼル・ヘンダーソン　未来学者（アメリカ）
主婦の友社（2002年）

『学は光―文明と教育の未来を語る』
ヴィクトル・サドーヴニチィ　モスクワ大学総長（ロシア）
潮出版社（2004年）

『宇宙と地球と人間』
アレクサンドル・セレブロフ　宇宙飛行士・全ロシア宇宙青少年団「ソユーズ」会長（ロシア）
潮出版社（2004年）

『人間と文化の虹の架け橋―韓日の万代友好のために』
趙文富　国立済州大学前総長（韓国）
徳間書店（2005年）

『インドの精神―仏教とヒンズー教』
ベッド・ナンダ　世界法律家協会名誉会長（アメリカ／インド出身）
東洋哲学研究所（2005年）

『人間主義の大世紀を―わが人生を飾れ』
J・K・ガルブレイス　経済学者・ハーバード大学名誉教授（アメリカ）
潮出版社（2005年）

『見つめあう西と東―人間革命と地球革命』
R・D・ホフライトネル　「ローマクラブ」名誉会長（スペイン）
第三文明社（2005年）

『「平和の文化」の輝く世紀へ！』
エリース・ボールディング　平和学者（アメリカ）
潮出版社（2006年）

視点3 「地域《ちいき》」こそ「世界」を変える現場《げんば》

名誉会長の思想と行動は「グローカル」の先駆《せんく》

二十一世紀の重要《じゅうよう》なキーワードの一つに、「グローカル」が挙《あ》げられる。「グローカル」とは、「グローバル（地球的）」と「ローカル（地域的）」の合成語《ごうせいご》だ。

かつて、その二つの語はもっぱら対置《たいち》して用いられてきた。すなわち、「ローカルなものはグローバルではない」ととらえられてきたのだ。だが、いわゆる「地球的問題群」（環境破壊や資源危機など、一国家の枠内では解決が困難な問題）の深刻化《しんこくか》の中で、「グローバルであると同時にローカル」な思考や行動の重要性が浮《う》かび上《あ》がってきた。

たとえば、地球温暖化《おんだんか》対策一つをとっても、解決には「グローカル」な姿勢が求められる。地域での取り組みと地球規模《きぼ》の取り組みが両立しなければ、温暖化防止は成《な》し得《え》ないからだ。

そして、SGIが展開する平和・文化・教育運動こそ、優《すぐ》れて「グローカル」なものといえよう。世界一九二ヵ国・地域に広がったグローバルな運動体であると同時に、各国のSGI組織がそれぞれ地域に根差《ねざ》した取り組みを重視しているのだから……。

とくに、日本の創価学会における、全国津々浦々に張り巡《めぐ》らされた濃密な地域ネットワークは抜きん出ている。

SGIの運動が「グローカル」たり得ているのはなぜか？ それは、創価の運動を世界に広げた池田名誉会長の思想と行動自体が、一貫《いっかん》して「グローカル」であったからにほかならない。

名誉会長が、地球規模・人類的視野《しや》で行動を展開してきたことは論《ろん》を俟《ま》たない。だが、その一方で、名誉会長がつねに地域を重《おも》んじ、世界中の学会員たちに地域友好の大切さを説《と》いてきたことを、見落《みお》としてはならないだろう。

「『地域』こそ『世界』を変えゆく現場《げんば》である。

これが、私が世界の知性と語り合ってきた、一つの結論である」（『聖教新聞』二〇〇八年六月三十日付「各部合同協議会」でのスピーチより）

名誉会長にとって、「世界」と「地域」は一体不二《いったいふに》である。世界を重視して地域を軽《かろ》んずるような姿勢は、微塵《みじん》もないのだ。

信濃町の住民として、地域友好の範《はん》を示す

池田名誉会長が三十二歳にして創価学会会長に就任《しゅうにん》したのは、一九六〇年（昭和三十五年）五月三日――。その日、日大講堂での就任式を終えたあと、若き新会長が真《ま》っ先《さき》に行《おこな》ったことは、学会本部（東京・信濃町）近隣《きんりん》へのあいさつ回りであった。そのこと自体、名誉会長が近隣友好《ゆうこう》をいかに重んじてきたかの証左《しょうさ》であろう。

当時のある学会本部職員は、池田会長から、近隣友好の心がけについてこと細《こま》かに指導されたという（『池田大作の軌跡』Ⅲ「信濃町の五五年」潮出版社）。本部で行事があるときには前もって近隣に知らせ「お騒《さわ》がせいたします」とあいさつすること、出前《でまえ》を取ったときには「おいしかったです」と一言《ひとこと》お礼を言って器《うつわ》を返すこと、買い物はなるべく地元の商店街ですることなど……。まさに細心《さいしん》の気配《きくば》りである。

名誉会長が、大田区小林町（当時）から現在の信濃町に住まいを移したのは、一九六六年（昭和四十四年）九月のこと。以来四十年以上にわたる信濃町での暮らしのなかで、名誉会長はしばしば、自《みずか》ら地域友好の範《はん》を示してきた。

たとえば、一九八五年（昭和六十年）以来、聖教新聞社本社の前庭《ぜんてい》で毎年、夏に行われ

ている「信濃町ふるさと盆踊《ぼんおど》り大会」も、名誉会長の地域発展を願う心から実現に至《いた》ったものである。

信濃町では戦後間《ま》もないころから、焼《や》け跡《あと》の空《あ》き地《ち》などを利用して盆踊りを楽しんできた。町の復興《ふっこう》につれて広い空き地は減《へ》り、いつしか中断されてしまったが、地元の人々、とくに商店会の人々は盆踊りの復活《ふっかつ》を願っていた。

八五年の梅雨《つゆ》どきのある日、池田名誉会長が学会本部近くの喫茶店《きっさてん》に立ち寄ると、店の主人から「学会で、盆踊りの会場を提供していただけないでしょうか?」と相談をもちかけられた。主人は、信濃町商店振興会の副会長でもあった。

名誉会長は即座《そくざ》に「大賛成です。私も

聖教新聞社で行われる「信濃町ふるさと盆踊り大会」　© 聖教新聞社

信濃町の住民の一人ですから」と応《おう》じ、一気に話は具体化《ぐたいか》していった。そして、さっそくその年の夏から、信濃町商店振興会主催の盆踊《ぼんおど》り大会が開催されたのであった。

以来、「ふるさと盆踊り大会」は信濃町の夏の風物詩《ふうぶつし》となり、年々盛大《せいだい》になりつつある。そこでは信濃町の人々が、学会員であるなしにかかわらず和気《わき》あいあいと踊りの輪《わ》を広げる。

また、他地域からの参加もあれば、来日中の海外SGIのメンバーなどが踊りの輪に加わることもある。その光景は、麗《うるわ》しい地域友好《ゆうこう》の姿そのものであり、「地域」と「世界」を一体不二《いったいふに》ととらえる名誉会長の姿勢の具現化《ぐげんか》でもあろう。

創価学会の発展が地域の興隆《こうりゅう》に直結《ちょっけつ》

一九六〇年（昭和三十五年）に池田名誉会長（当時・会長）が初のアメリカ訪問を行《おこな》ったとき、現地の日系人メンバーに与えた指針は、「市民権を取得《しゅとく》し、よきアメリカ市民に」「自動車の免許《めんきょ》を取得する」「英語をマスターする」の三つであった。

いずれも、異国《いこく》の地にあっても地域社会に溶《と》け込《こ》むための指針といえる。その三指針を忠実《ちゅうじつ》に実行したメンバーは、驚《おどろ》くほど早く米国社会に根差《ねざ》すことができたという。

世界中のメンバー一人ひとりがしっかりと地域社会に根差すことの大切さを、名誉会長は世界への出発当初《とうしょ》から、一貫《いっかん》して訴《うった》えてきたのだ。「グローカル」という語が生まれるはるか以前から、名誉会長の姿勢は「グローカル」だったのである。

小説『新・人間革命』第十五巻「開花」の章にも、次のような一節がある。

「創価学会と社会の間には、垣根《かきね》などあってはならない。学会の発展は、即《そく》地域の興隆《こうりゅう》であり、社会の繁栄《はんえい》であらねばならないからだ」

そもそも日蓮仏法は、社会の真《ま》っ只中《ただなか》に飛び込んで苦悩《くのう》する民衆を救《すく》うための教えである。また、名誉会長は「他人の不幸の上に自己《じこ》の幸福を築《きず》かない」との信念を根底《こんてい》に置いて学会を指揮《しき》してきた。

ゆえに、〝地域社会から隔絶《かくぜつ》して学会のみが発展すればよい〟などという発想自体がない。各地の学会会館も、名誉会長にとっては「地域社会への貢献《こうけん》の城《しろ》」(「開花」の章)にほかならないのだ。

学会の会館が地域社会に開かれた「窓《まど》」として活《い》かされた事例《じれい》の嚆矢《こうし》が、一九七一年七月に相次《あいつ》いで行われた、「第一回鎌倉祭り」「第一回三崎《みさき》カーニバル」である。いずれも、名誉会長の提案をもとに地元の学会員有志《ゆうし》が企画し、地域社会との交流を図《はか》るために行われた催《もよお》しであった。

前者は学会の会館を、後者は会館に隣接《りんせつ》した海岸を会場としていた。名誉会長も二つのイベントに参加し、来場した近隣《きんりん》の人々に丁重《ていちょう》なあいさつをした。その姿は、人々が一部マスコミの報道から学会に抱《いだ》いていたネガティブな先入観《せんにゅうかん》を一変《いっぺん》させるものであった。「阪神《はんしん》・淡路大震災《あわじだいしんさい》」(一九九五年)やその後の自然災害などに際《さい》しても、被災地《ひさいち》の学会会館が被災者救援の拠点《きょてん》として活用されたり、メンバーが救援活動にあたった事例は数限りない。それは海外のSGIでも同じである。

とくに「阪神・淡路大震災」当日の夜、神戸市内の九ヵ所の学会会館が収容《しゅうよう》した被災者は、合わせて三千百三十人にのぼった。また、学会員たちによる献身的《けんしんてき》で大規模《だいきぼ》な救援活動もくり広げられた。その姿に、四国のある高名な学者は次のような声を寄せた。

「日頃から人々の幸せのため『利他《りた》』に根差《ねざ》した宗教行動の膨大《ぼうだい》な積《つ》み重《かさ》ねがあったからこそ、いざというときにあの献身的《けんしんてき》なボランティア活動ができたのでしょう」

池田名誉会長が折《おり》に触《ふ》れ、他者に尽《つ》くすこと、地域社会への貢献《こうけん》の大切さを説いてきたことが、会員たちの生命に刻《きざ》み込《こ》まれている。だからこそ、「いざというとき」にはごく自然に利他の行動に結びつくのである。

「地域《ちいき》の灯台《とうだい》」目指《めざ》す、世界中の弟子たちの活躍《かつやく》

名誉会長が二〇〇八年に上梓《じょうし》した随筆集《ずいひつしゅう》『ふるさとの光』(鳳書院)は、静岡・埼玉・千葉・沖縄・栃木の各県を代表する地方紙への寄稿《きこう》を集めたものである。この本を読むと、随筆各編に、各県への敬意《けいい》を示す一節がさりげなく挿入《そうにゅう》されていることに気づく。たとえば、各県が生んだ偉人《いじん》に言及《げんきゅう》したり、各県と名誉会長自身の縁《えにし》について触《ふ》れたり、各県が意欲的に推進する施策《しさく》を讃《たた》えたり……。

名誉会長は、随筆を執筆《しっぴつ》するにあたっても、各地域への配慮《はいりょ》を忘《わす》れない。地方紙に寄稿することも、名誉会長にとっては地域友好《ゆうこう》の輪《わ》を広げ、強固《きょうこ》にするための格好《かっこう》の機会となるのだ。

そのように師匠《ししょう》がつねに地域友好を忘れないからこそ、世界中の弟子たちもまた、それぞれ「地域の灯台《とうだい》」たらんとする。

たとえば日本では、町会・自治会・商店会・老人会・PTA等の役員・民生委員《みんせいいん》・保護《ほご》司《し》・消防団など、さまざまな形で、地域のために進んで活動に励《はげ》んでいる学会員が多い。地域共同体が崩壊《ほうかい》の危機にある日本社会にあって、学会員たちがその崩壊を食《く》い止《と》めてい

る側面《そくめん》があるといえよう。

各地の学会会館にも、近隣《きんりん》の人々から感謝の声が寄《よ》せられることが少なくないという。たとえば、ある学会会館の「守る会」（ボランティアで会館の清掃《せいそう》にあたるグループ）のメンバーが中心となり、最寄《もよ》り駅から会館までの公道《こうどう》のゴミ拾《ひろ》いを自主的に行《おこな》っている例がある。

会合が近隣の迷惑《めいわく》とならないための気配《きくば》りは当然のこととして、むしろ「学会の会館があってよかった」と近隣から声が上がる――そうした理想に向け、各地の学会員がそれぞれ地道《じみち》な努力を重ねているのだ。

各国のSGIもしかりである。台湾SGIは、これまでに十五回連続で「社会優良《ゆうりょう》団体賞」を受賞している。この賞は、台湾行政院《ぎょうせいいん》の内政部《ないせいぶ》が、社会貢献《こうけん》や公益《こうえき》活動の取り組みが目覚《めざ》ましい文化・社会団体に贈《おく》るもの。台湾にある数千の文化・社会団体のうち、十五回連続で同賞を受賞したのは台湾SGIのみである。

台湾SGIはほかにも、「社会教育功労《こうろう》団体賞」に七度、「優良宗教団体賞」に四度輝いている。数多い受賞の背景には、山間部《さんかんぶ》や離島《りとう》の児童たちへの教育支援《しえん》、チャリティー・コンサート、震災《しんさい》ボランティア、市や県との共催による地域友好文化祭など、台湾SGIの広範《こうはん》な社会貢献活動がある。

台湾SGIには、長年にわたった戒厳令下《かいげんれいか》では自由な宗教活動が許《ゆる》されず、当局から解《かい》散命令《さんめいれい》さえ下《くだ》された「冬の時代」がかつてあった。だからこそ、各メンバーが地道な地域貢献をつづけ、春の訪《おとず》れを待った。そうした長年の努力の結実《けつじつ》が、「社会優良団体賞」などの評価なのである。

そして、「冬の時代」に台湾SGIのメンバーを支《ささ》えたのは、「どんなに辛《つら》くとも、台湾の人々の幸福のために、絶対《ぜったい》に仏法の火を消してはならない」という名誉会長の激励《げきれい》であったという。

ほかにも、韓国SGIをはじめ、世界各地のSGI組織でも、地域貢献の取り組みが高く評価されている。

かつてマハトマ・ガンジーは、「地域友好《ゆうこう》の精神は、あたかも雪だるまのように、どんどん大きくなり、加速度的《かそくどてき》に勢《いきお》いを増《ま》して、地球全体をも包《つつ》む」(『ハリジャン』一九四七年三月二十三日号)と語った。いま、全国各地、世界各国で、名誉会長のもと、メンバーはそれぞれの立場で地域友好に力《ちから》を尽《つ》くしている。それらの努力は一見地味《いっけんじみ》で目立たないが、世界を変えることにつながる確かな一歩であろう。

名誉会長は言う。

「私たちの『地域のため』の活動は、そのまま、『人類のため』の貢献《こうけん》となっている」(『聖教新聞』二〇〇七年十一月二十一日付「関西最高協議会でのスピーチ」)

と……。

そのことを誰《だれ》よりも深く知り、地域の向こうに世界を見据《みす》えて力を尽くしてきたのが、池田名誉会長なのである。

視点4 「精神のシルクロード」を切り拓《ひら》く民間外交《がいこう》

名誉会長は民間外交《みんかんがいこう》の第一人者《だいいちにんしゃ》

「池田大作氏の民間外交《みんかんがいこう》は、二十世紀半《なか》ばから二十一世紀初頭《しょとう》の歴史に新《あら》たな潮流《ちょうりゅう》を起こした」（『聖教新聞』二〇〇三年五月一日付「創価学会の日」記念特集1「民間外交」）

――ノーボスチ通信社（ロシア）の元《もと》東京支局長、ウラジスラフ・ドゥナエフ氏の言葉である。

同様の讃辞《さんじ》は、国内外の識者《しきしゃ》・指導者からこれまで数多く寄《よ》せられてきた。

たとえば、中日友好協会の黄世明《こうせいめい》副会長は、「池田先生の架《か》けられた中日友好の『金の橋』は、民衆が先頭《せんとう》に立っての交流であり、世界の外交史上でも特例《とくれい》ともいえるものです」（『聖教新聞』二〇〇三年五月一日付「創価学会の日」記念特集1「民間外交」）と述《の》べている。

また、モスクワ大学のサドーヴニチィ総長は、「池田先生は大変な偉業《いぎょう》を成《な》し遂《と》げました。それは、露日《ろにち》の外交関係において突破口《とっぱこう》を開いたということです」（『聖教新聞』二〇〇七年八月一日付「特集『対話』で築いた平和の懸け橋」）と讃嘆《さんたん》している。

たしかに、名誉会長が約半世紀にわたって営々《えいえい》とつづけてきた民間外交は、世界的にも稀有《けう》なスケールをもつものである。一民間人の立場で、名誉会長ほど各国の要人《ようじん》と対話を重《かさ》ねてきた人物は、ほかに見当たらない。

ロシアを例にとろう。名誉会長は過去六度にわたるソ連・ロシア訪問で、歴代《れきだい》の指導者と会談。とくに、コスイギン、チーホノフ、ルイシコフの三人の首相、そしてゴルバチョフ大統領を加えた四人と対話を行《おこな》った日本人は、ほかにいない。

また、政治家にかぎらず、ノーベル賞作家のショーロホフ氏や世界初の女性宇宙飛行士テレシコワ氏ら、各界の要人・識者と対話を重ねてきた。さらに、モスクワ大学の歴代総長とも親交《しんこう》を結《むす》び、同大学で二度にわたり講演。ロシアの識者・指導者と編《あ》んだ対談集も、現時点ですでに八点にのぼる。

そのように多彩《たさい》で重層的《じゅうそうてき》な民間外交を、世界中の国々に向け展開してきたのが池田名誉会長なのである。

ただし、「民間外交の第一人者」との評価は、たんに「数多くの要人と会見を重ねてきた」という量的側面《りょうてきそくめん》のみを指《さ》すものではない。名誉会長が民間外交で世界平和への道を切り拓いてきたことが、内外の心ある人々から高く評価されているのだ。

以下、名誉会長の民間外交の質的側面《しつてきそくめん》におもに目を向け、その意義を考察《こうさつ》してみよう。

国家外交の枠《わく》を超《こ》えた民間外交を追求《ついきゅう》

名誉会長は、「アメリカの良心」とも呼ばれたノーマン・カズンズ氏（ジャーナリスト）との対談集『世界市民の対話』の中で、次のように述《の》べている。

「外交官を中心とした外交関係はもちろん大切です。と同時に、そうした〝国家の代表〟の立場とは別《べつ》に、国益《こくえき》という枠《わく》を超《こ》える次元《じげん》での交流が必要になってきています。（中略）従来《じゅうらい》の国家外交は国益という枠内でしか、ものが見えない硬直性《こうちょくせい》をもっていました。それに対し、民間外交は『国家の顔』でなく、『人間の顔』を表《おもて》にたてることができるという利点《りてん》をもちます」（『池田大作全集』第十四巻所収）

この言葉が示すとおり、名誉会長が行ってきた民間外交は、〝国家外交をスケールダウンした外交〟ではけっしてない。むしろ、国家外交の枠を超えた、民間外交にしかできないことを追求してきたのである。

たとえば、名誉会長がさまざまな形で行った、日中国交正常化への尽力《じんりょく》。それはまさしく、民間人だからこそ成《な》し得《え》た外交努力であった。

一九九五年、米国務省の秘密外交文書が解禁《かいきん》され、一九六八年九月十一、十二日に東京で開かれた「日米安全保障《ほしょう》協議」の内容が明《あき》らかになった。そこには、日本の外務省首《しゅ》脳《のう》が、協議の三日前に発表された名誉会長（当時・会長）の「日中国交正常化提言」を強く非難《ひなん》する様子《ようす》が記録されていた。

「池田会長の最近の言明《げんめい》は中国に対して、ひどく誤《あやま》った期待を高めさせることとなった」などという発言がなされていたのだ。（『産経新聞』九五年九月二十五日付の報道による）

日本の首相が中国を敵視《てきし》するような発言をくり返していた当時にあって、外務省首脳《しゅのう》には、日中国交正常化への道を開く名誉会長の勇気ある行動が、「日本外交を妨害《ぼうがい》するもの」としか映《うつ》らなかったのだ。「国益《こくえき》という枠内《わくない》でしか、ものが見えない」国家外交の限界《げんかい》を、如実《にょじつ》に示すエピソードといえよう。

外交を自分たちの専権《せんけん》事項のようにとらえ、名誉会長の民間外交をこころよく思わなかったのは、一部の外務官僚《かんりょう》だけではない。名誉会長が本格的な民間外交に踏《ふ》み出《だ》した一九六〇年代には、その努力への甚《はなは》だしい無理解《むりかい》が、一部政治家の中にもあった。

たとえば、一九六三年二月に、名誉会長（当時・会長）は当時のケネディ米大統領と会見する予定になっていた。ところが、政権政党の大物政治家から横槍《よこやり》が入り、会見は直前で中止のやむなきに至《いた》ったのである。

いまの時点から振り返るなら、名誉会長の民間外交は、冷戦の激化《げきか》で大国間外交《たいこくかん》が行きづまるなか、ひときわ光彩《こうさい》を放《はな》ったといえる。その顕著《けんちょ》な例として、米ソ関係、中ソ関係が悪化した一九七四年から七五年にかけ、米・中・ソ三国を相次《あいつ》いで訪《おとず》れ、周恩来《しゅうおんらい》総理、ソ連のコスイギン首相、米国のキッシンジャー国務長官（いずれも当時）と会談し、関係改善《かいぜん》の「橋渡《はしわた》し」をしたことが挙《あ》げられる。それは、「人類を破滅《はめつ》に導《みちび》く核兵器による全面戦争や、世界を分断《ぶんだん》し民衆を苦しめる戦争を何としても食《く》い止《と》めなければならないとの決意」（二〇〇八年「『SGIの日』記念提言《ていげん》」）からの行動であった。

『読売新聞』の外報部長、編集委員を歴任《れきにん》

ソ連のコスイギン首相（当時）と会見（1975年5月）　©聖教新聞社

した鈴木康雄氏は、一連《いちれん》の「橋渡し」を次のように評価している。

「名誉会長はこの時、コスイギンから『ソ連は中国を攻撃《こうげき》することも、孤立《こりつ》させる意図《いと》も持たない』という重要発言を引き出していた。これが、その後の中国訪問で重要な意味を持つことになる。

このように、正規《せいき》の外交ルートであったなら、これだけのインパクトのある発言は出なかっただろう。国家関係を補完《ほかん》する民間外交の重要性は大きい」（『聖教新聞』二〇〇三年五月一日付「民間外交の重要性示した池田・コスイギン会談」）

東西冷戦の「鉄のカーテン」をかいくぐり、真摯《しんし》に重《かさ》ねられてきた民間外交。当時、「民間人に何ができる」と冷笑《れいしょう》を浴《あ》びることも少なくなかったが、名誉会長は民間人ならではの「人間外交」を追求していった。

そして、冷戦終結後も、名誉会長の民間外交は着実《ちゃくじつ》に世界の平和と安定に貢献《こうけん》している。

たとえば、名誉会長は一九九六年六月にキューバ共和国を初訪問し、元首《げんしゅ》のフィデル・カストロ国家評議会議長（当時）と会見を果たした。当時、米国とキューバの関係は通常にも増して悪化しており、米国の心ある政治家からも名誉会長の尽力《じんりょく》が期待されていたのである。

その後、両国の関係は好転《こうてん》し、カストロ前議長と名誉会長の友情はいまもつづいている。

名誉会長に何度も助《たす》けられてきた日本外交

名誉会長の民間外交を正視眼《せいしがん》で評価していた一人に、福田赳夫《たけお》・元《もと》総理（故人）がいる。名誉会長と十数回にわたり会見を重ねた福田氏は、あるとき、氏と昵懇《じっこん》の人物も同席した会見の席で、次のように述《の》べたという。

「世界の主なところは、全部、池田先生が文化交流をされている。とくにいちばん〝難《なん》物《ぶつ》〟のソ連と中国、この二つに真正面《まっしょうめん》から取り組んでいただいていることで、日本は本当に助かっているんです。ほかの政治家は気がついていないようですがね。

中国の国交回復は、池田先生のお陰でできました。先生の民間外交なくしては、できなかったでしょう。中国ではよく知られているこの事実が、日本人には見えていない。残念な日本です」（『池田大作全集』第百二十四巻所収）

福田氏は総理退陣《たいじん》後、「私が総理になって痛感《つうかん》したのは、『外交は官（政府）だけがやればいいものではない』ということなんです。『本当の外交は民間外交だ』ということです」とも語っていた。それはおそらく、名誉会長の民間外交を念頭《ねんとう》に置いての発言であったろう。

名誉会長の民間外交によって「日本は本当に助かっている」という、福田元《もと》首相の言明《げんめい》。

それを裏付《うらづ》ける証言は、ほかにも枚挙《まいきょ》にいとまがない。たとえば、在モスクワ日本大使館に外交官として勤務していた作家の佐藤優《まさる》氏も、次のように述べている。

「私自身、クリスチャン（プロテスタント教徒）で創価学会に対し阿《おもね》る必要はまったくないのだが、日本外交が池田会長に助けられているのはれっきとした事実である」（『潮』二〇〇七年十一月号「池田SGI会長の『民間外交』が果たす意義」）

佐藤氏は、名誉会長が日本外交を救《すく》った一つの事例として、小泉政権下で悪化した対中関係を安部晋三《しんぞう》首相（当時）が正常化させるにあたり、「一連の対中外交で、池田会長の持つチャンネルを見事《みごと》に活《い》かした」（同前）ことを挙げている。また、名誉会長との民間外交を各国が重視している証左《しょうさ》として、中国の温家宝《おんかほう》総理が二〇〇七年四月に来日した際《さい》、民間人としては唯一《ゆいいつ》池田名誉会長と会見したことなどを挙《あ》げている。

名誉会長が民間外交の積《つ》み重《かさ》ねで築いた信頼《しんらい》とネットワークは、ときに日本外交を救《すく》うほどの力《ちから》を発揮《はっき》するのである。

その国が困難《こんなん》な状況《じょうきょう》のときに、あえて赴《おもむ》く

名誉会長の民間外交の大きな特長《とくちょう》として、相手国が困難な状況に陥《おちい》ったときにこそあえ

て赴《おもむ》き、手を差《さ》し伸《の》べるということが挙げられる。それも、世間からの逆風《ぎゃくふう》や身の危険をかえりみずに、である。たとえば――。

名誉会長は、一九九三年二月に南米コロンビアを訪問した。当時、コロンビアではテロ事件が相次《あいつ》ぎ、訪問直前に大きな爆破《ばくは》事件も起きていた。そのため、名誉会長の訪問を危《あや》ぶむ声も上がった。しかしそのとき、名誉会長は「心配はいりません。予定どおり、貴国を訪問させていただきます」と言い切ったのだった。

翌九四年に来日したコロンビアのガビリア大統領（当時）は、名誉会長との会見に際《さい》してこう語った。

「池田会長は、我《わ》が国がいちばん困難な時期にあえて来訪《らいほう》し、連帯感《れんたいかん》を示《しめ》してくださった。忘れません」（『聖教新聞』二〇〇六年八月十日付「アルバム・対話の十字路」）

また、中日友好協会の孫平化《そんへいか》元会長が、「池田先生は二度、中国を救《すく》ってくださった」と語ったことがある。一度目は、六八年の「日中国交正常化提言」によって、暗礁《あんしょう》に乗り上げていた日中関係に復交《ふっこう》の契機《けいき》をもたらしたこと。二度目は、九〇年五月の第七次訪中を指《さ》している。前年の「天安門《てんあんもん》事件」によって中国が国際社会から孤立《こりつ》し、日中関係も冷《ひ》え切っていたなか、名誉会長はあえて約三百人の大交流団を伴《ともな》って訪中し、友好の信義《しんぎ》をつらぬいたのだった。

国家間の関係が閉塞《へいそく》状況に陥《おちい》ったときこそ、次元《じげん》の異《こと》なる民間外交で緊張《きんちょう》を緩和《かんわ》しようとする英知《えいち》を、そこに見ることができよう。そしてそれは、「一度結《むす》んだ友情は徹《てっ》してつらぬく」「大切な友人が苦況《くきょう》に陥ったときには迷《まよ》わず手を差し伸べる」という、名誉会長の友情のありようを外交に敷衍《ふえん》したものとも映《うつ》る。

一九七五年五月、池田名誉会長はモスクワ大学で約千人の教職員・学生を前に講演を行《おこな》った。その中に、次のような一節がある。

「民族、体制、イデオロギーの壁《かべ》を越えて、文化の全領域《りょういき》にわたる民衆という底流《ていりゅう》からの交《まじ》わり、つまり人間と人間との心をつなぐ『精神のシルクロード』が、いまほど要請《ようせい》されている時代はない」（『池田大作全集』第一巻所収）

半世紀になんなんとする、名誉会長の民間外交の歩《あゆ》み。それはまさに、国家の枠《わく》を超え民衆と民衆を結《むす》ぶ「精神のシルクロード」を切り拓くためにあった。その輝《かがや》く道は、いまや世界中に広がっている――。

PART
II

世界が讃嘆

歴史家アーノルド・トインビー博士との語らいが世界的識
者との「対話」の源流となった（1972年5月9日、イギリス）

© 聖教新聞社

視点5 「知性の宝冠《ほうかん》」——世界一の名誉学術称号《めいよがくじゅつしょうごう》

名門《めいもん》が威信《いしん》をかけて贈る名誉学術称号《めいよがくじゅつしょうごう》の重み

池田名誉会長は現在までに、世界各国の大学・学術《がくじゅつ》機関から、二百八十を超える名誉《めいよ》学術称号《がくじゅつしょうごう》（名誉博士・名誉教授等）を受けている（二〇一〇年四月末現在）モスクワ大学、北京《ペキン》大学、ボローニャ大学（イタリア）、グラスゴー大学（イギリス）など、各国を代表する名門が名を連《つら》ね、五大州すべてにわたる広い地域からの称号である。名誉学術称号の授与《じゅよ》をすでに決定した大学はほかにも多く、今後も伸《の》びつづけると考えられる。民間人が受けた名誉学術称号としては、数のうえでも、授与した大学が世界中に及ぶというスケールのうえからも、間違いなく世界一、そして空前絶後《くうぜんぜつご》といっていいだろう。

いうまでもないことだが、大学などが名誉学術称号の授与を決定するまでには、幾重《いくえ》ものプロセスを経《へ》るものである。その間には、対象者の経歴《けいれき》・知的業績《ぎょうせき》・見識《けんしき》・人格などが、厳正《げんせい》な検討《けんとう》の対象《たいしょう》となる。むろん、審査《しんさ》の過程《かてい》で授与が却下《きゃっか》される人もあろう。

二〇〇五年、池田名誉会長に名誉博士号を授与したパラグアイ国立イタプア大学の場合、授与までには次のような過程を踏《ふ》んだ。

「大学の最高評議会《ひょうぎかい》に名誉博士号の授与を推薦《すいせん》」→「学生・教授の代表が、授与の可否《かひ》を厳正に審議《しんぎ》（審議会）」→「全学部長が討議《とうぎ》し、決定」→「総長の決裁《けっさい》のもと、授与」

国が名誉学術称号の授与を承認《しょうにん》したり、授与の条件を規定《きてい》したりするケースもある。たとえばフィリピンの場合、大学が授与を決定しても、教育省が承認しなければ授与できない。また、中国の場合、日本の文部科学省にあたる教育部が授与の基準《きじゅん》を厳格《げんかく》に定《さだ》めており、授与には国務院《こくむいん》（日本の内閣に相当）学位《がくい》委員会の決定が必要となる。

いずれにせよ、授与までに厳格な審議が重《かさ》ねられる点は、世界の名門大学に共通している。名誉学術称号は、大学・学術機関がその威信《いしん》をかけて贈《おく》る「知性の宝冠《ほうかん》」なのである。

ところが、心ない一部週刊誌などマスコミの中には、〝名誉学術称号は寄付《きふ》の見返《みかえ》り〟などという中傷《ちゅうしょう》を流すところがあった。なんの根拠《こんきょ》もないまったくのデマである。まともに取り合うに値《あたい》しないが、ここでは、そうしたデマの一つに対し、宗教社会学者の安斎伸《あんざいしん》博士（当時・上智大学名誉教授）が行《おこな》った反論の一節を引いておこう。

「邪推《じゃすい》としか言いようがなく、ご本人のみならず、顕彰《けんしょう》を行った各国、各大学に対しても非礼《ひれい》であろう」。（『産経新聞』一九九七年年九月二十二日付）

安斎博士はアジアでただ一人のバチカン聖庁《せいちょう》信徒評議会評議員であり、日本のカトリック世界を代表する碩学《せきがく》であった。ひるがえって、中傷者の側《がわ》は多くの場合、名前すら明《あ》かさない怪《あや》しげな輩《やから》で、デマの〝根拠《こんきょ》〟など何一つ示せないままなのである。

意図的《いとてき》なデマとは別に、「なぜこれほど多くの名誉学術称号を得るのか？」という素朴《そぼく》な疑問もあるだろう。そこで、以下、名誉学術称号授与の背景要因《よういん》を、いくつかの角度《かくど》から考察《こうさつ》してみたい。

トインビー博士が果《は》たした重要な役割《やくわり》

池田名誉会長が受けた名誉学術称号の第一号となったのは、一九七五年にモスクワ大学から受けた名誉博士号。一九七〇年代に受けた名誉学術称号はこの一つのみであり、八〇年代の十年間に受けたのも五つである。

対照的《たいしょうてき》に、九〇年代は目に見えて授与が増え、十年間で六十五の名誉学術称号を受けている。そして、二〇〇〇年代に入ってからは、いっそう加速度的に授与《じゅよ》数が増加している。二〇〇〇年から現在までの十年余で、じつに二百以上の名誉学術称号が贈《おく》られているのだ。

このことが示すのは、一つには一九八〇年代までは宗門が重い足枷《あしかせ》となっていたということ。そしてもう一つには、ＳＧＩによる海外広布の進捗《しんちょく》や文明間対話の進展《しんてん》が、名誉会長への理解へと結びつき、名誉学術称号として結実《けつじつ》しているということである。

名誉会長と友誼《ゆうぎ》を結ぶことで、その誠意あふれる人格に魅了《みりょう》される各国のＶＩＰ（要人）は、枚挙《まいきょ》にいとまがない。そうした人々の存在が、名誉学術称号の土台となっている。名誉会長が重《かさ》ねてきた「文明間対話」による友情の輪《わ》の広がりが、名誉学術称号として結実する側面があるのだ。

もう一つの要因《よういん》として、各国で翻訳《ほんやく》出版されている名誉会長の著作群《ちょさくぐん》の影響力が挙《あ》げられる。

名誉会長の思想・哲学は、その著作を通じて、日本人一般の想像をはるかに超えて世界に広がっている。海外諸言語《しょげんご》で出版されている名誉会長の著作は、じつに四十言語にのぼり、点数にして千点を超えているのだ。

そして、名誉会長の著作《ちょさく》に感銘《かんめい》を受けた人が、直接・間接に各大学の名誉学術称号にかかわったとき、「池田氏なら、称号を受けるにふさわしい」と判断する――そうしたケースが少なくないと考えられる。

とりわけ、現在までに二十八言語で出版されている歴史家アーノルド・トインビー博士との対談集『二十一世紀への対話』（以下、「トインビー対談」と略）は、各国の知識層に広く読まれ、世界的な名著《めいちょ》と讃《たた》えられている。そのことが、名誉学術称号授与《じゅよ》にも影響を与えているのである。

たとえば、モスクワ大学のサドーヴニチィ総長は、「トインビー対談はすでに不朽《ふきゅう》の古典に位置づけられる」と評価《ひょうか》している。インドネシアのワヒド元大統領は、池田名誉会長との初会見《はつかいけん》に際《さい》して、「二十年前にトインビー対談を読んで以来、お会いする日を楽しみにしていました」（『聖教新聞』二〇〇二年四月五日付）と語った。名誉会長自身も、随筆《ずいひつ》に次のように記している。

「光栄《こうえい》にも、世界の大学から、名誉学術称号を拝受《はいじゅ》する折《おり》、推挙《すいきょ》の辞《じ》などで、この（トインビー）対談に論及《ろんきゅう》されることも多い」（『聖教新聞』二〇〇七年三月十五日付「随筆　人間世紀の光」）

二〇〇六年十月七日に記念すべき二百番目の名誉学術称号を受けた際、授与式の席上、池田名誉会長は「恩師・戸田城聖先生への報恩感謝は当然のこととして、この栄誉を三人の方に報告したい」（『世界が見た池田大作　200を超えた名誉学術称号』第三文明社）と述べ、中国の周恩来総理、旧ソ連のコスイギン首相とともに、トインビー博士の名も挙げた。

『二十一世紀への対話』にまとめられた名誉会長とトインビー博士との対談は、一九七二年から二年越し、約十日間、延べ四十時間にも及んだものである。その長い対談を終えるにあたって、博士は名誉会長にこう語ったという。

「トインビー大学の最優等生であるあなたは、必ず将来、私以上に世界中から名誉博士号を贈《おく》られるでしょう」（『聖教新聞』二〇〇二年五月四日付「随筆 新・人間革命」）

当時四十代で、まだ一つも名誉学術称号を受けていなかった名誉会長は、親子ほども年の離れた碩学《せきがく》の言葉を、深く胸に刻んだことだろう。それが、数多い名誉学術称号の原点《げんてん》であったともいえる。二百称号の節目《ふしめ》にあたって、名誉会長がその栄誉をトインビー博士に「報告したい」と考えたのは、その言葉をふまえてのことでもある。〝あなたがおっしゃったとおりになりました〟と、博士の墓前《ぼぜん》に謹《つつし》んで報告したい……名誉会長はそんな思いで感無量《かんむりょう》だったのだろう。

思想と行動への高い評価

東洋哲学研究所は、池田名誉会長が受けた名誉学術称号の膨大《ぼうだい》な「授章《じゅしょう》の辞」「推挙《すいきょ》の辞」を分析《ぶんせき》し、各大学・学術機関の評価を次の七項目にまとめている。

⑴国際友好への貢献《こうけん》、⑵平和、環境、人権、女性問題など人類的課題への貢献、⑶仏教、

法華経、東洋思想の深淵《しんえん》に根ざした人間主義の哲学、⑷教育への貢献、⑸文化・芸術への貢献、⑹千六百回を超える識者との対話、⑺名誉会長の人間像。

名誉会長の思想と行動それ自体が、名誉学術称号に値《あたい》すると評価されていることが、ここからもよくわかる。

そもそも、名誉会長は創価大学、創価学園、アメリカ創価大学などの教育機関の創立者であり、米・ハーバード大学をはじめとする最高峰の大学・学術機関で三十一回の講演《こうえん》経験があり、世界的な識者・指導者と編んだ対談集は五十点を超える。そうした輝《かがや》かしい経《けい》歴《れき》だけでも、十二分に名誉学術称号に値するものと言わねばならない。

そして、もう一つの要因として、池田名誉会長がアジア各国から得ている厚《あつ》い信頼が挙《あ》げられる。というのも、名誉会長は中国、韓国、フィリピンといった、戦時中に日本軍の侵略《しんりゃく》を受けたアジア各国の大学から数多くの名誉学術称号を得ており、これは日本人としては画期的《かっきてき》なことだからである。

それらの国ではいまなお、日本への不信《ふしん》が心の底に潜在《せんざい》しており、日本人への名誉学術称号授与の障壁《しょうへき》となることがある。たとえば、一九九八年、韓国・慶熙《キョンヒ》大学が池田名誉会長に名誉哲学博士号を授与《じゅよ》した際《さい》には、審査《しんさ》段階で「業績《ぎょうせき》や思想は問題ない。しかし……」と、日本人への授与に難色《なんしょく》を示す声も上がったという。

　だが、同大からの一行《いっこう》が「池田氏とはどんな人物か？」を確《たし》かめるために創価大学に来学《らいがく》し、名誉会長と会見《かいけん》すると、その人格に触《ふ》れて〝日本への不信の壁《かべ》〟は崩《くず》れ、名誉博士号授与決定につながったのだった。

　また、池田名誉会長は一九九一年にフィリピン大学から名誉法学博士号を受けているが、同大のアブエバ総長（当時）は、戦時中、日本軍に両親を虐殺《ぎゃくさつ》されたという過去をもっていた。それでもなお、名誉会長と友誼《ゆうぎ》を結《むす》ぶなかでその人格の輝《かがや》きに触れ、あえて日本人への名誉博士号授与を決めたのだった。

アメリカの名門・ハーバード大学を訪問し記念講演。池田名誉会長は93年にも同大学で講演を行った（1991年9月26日）　©聖教新聞社

　つけくわえるなら、創価学会が戦時中に日本の軍国主義と戦い、初代会長が殉教《じゅんきょう》した歴史をもつことも、アジア各国の大学からの大きな信頼の基《もとい》となっているといえよう。

　さらに、名誉学術称号

が大学から与えられるものである以上、創価大学が果《は》たす役割も大きい。創価大学は、数ある日本の大学のうちでも、ひときわ国際交流に力《ちから》を注《そそ》いできた。現在、交流協定を結んだ大学は世界四十四ヵ国・地域の百十九大学にのぼり、交換・推薦《すいせん》留学《りゅうがく》などでは日本でもトップクラスの体制と実績《じっせき》を誇《ほこ》っている。そのような創大の活発《かっぱつ》な国際交流が、創立者への名誉学術称号と密接に結びついている面もある。

師のため、同志のためにこそ受ける栄誉《えいよ》

池田名誉会長は、自《みずか》らが受けてきた名誉教授称号について、次のように述べている。

「なぜこうした栄誉《えいよ》をお受けするか。それは私自身の名誉のためではない。世間的な評価《ひょうか》など、まったく望《のぞ》んでいない。また、私一人の力によるものと、高《たか》ぶる気持ちも毛頭《もうとう》ない。それは〝無冠《むかん》〟のまま殉教《じゅんきょう》の生涯《しょうがい》を終えられた初代会長・牧口先生、第二代会長・戸田先生から譲《ゆず》り受けた、師弟一体《していいったい》の『大福徳《ふくとく》の遺産《いさん》』の一証明となるからである」（『聖教新聞』二〇〇六年二月八日付）

また、池田名誉会長は、名誉学術《がくじゅつ》称号の授与式《じゅよしき》に際《さい》して、しばしば「全同志を代表してお受けします」「先師《せんし》・牧口先生、恩師《おんし》・戸田先生に捧《ささ》げます」と明言している。

名誉教授称号という「知性《ちせい》の宝冠《ほうかん》」。それは、個人の栄誉にとどまるものではない。「師《し》弟《てい》の道」を歩《あゆ》み抜いてきた池田名誉会長が、師の偉大《いだい》さを証明するため、師に代《か》わって受ける「宝冠」なのだ。

そしてまた、人々の幸福のため、日々けなげな奮闘《ふんとう》をつづける世界中の無名《むめい》にして尊極《そんごく》な庶民の同志たちを代表して受ける「宝冠」なのである。

□グラスゴー大学

1451 年創設のスコットランド最古の大学の一つで、英国7大学に数えられる総合大学でもある。同校に学んだ卒業生には“古典派経済学者の父”アダム・スミスや蒸気機関を発明したワットなど歴史に名を刻んだ人物も多い。池田名誉会長には民音創設者として英日の文化交流への貢献と国連支援などの平和活動を評価し、1994 年に名誉博士号を授与した。

□デンバー大学

アメリカ・コロラド州に本部を置く 1865 年設立の私立大学。「ロッキーから世界へ」をモットーに掲げる同大学は、90 ヵ国から 600 人の留学生を受け入れ、交流大学も世界 60 大学にのぼるなど、国際色豊かな学風で名高い。卒業生には初の黒人女性国務長官として有名なコンドリーザ・ライス氏などアメリカの有名政治家が名を連ねる。

池田名誉会長には 1996 年、世界平和への献身。仏法哲学者・詩人・教育者として広く「慈悲の精神」を普及したことを評価して名誉教育学博士号が贈られた。

□シドニー大学

1850 年設立のオーストラリア最古の名門大学。長年、世界の有数大学にも数えられ、卒業生にはオーストラリア歴代首相やノーベル賞受賞者が名を連ねる。池田名誉会長へは 2000 年 11 月、ＳＧＩにおけるリーダーシップや芸術と詩の宣揚、また毎年行ってきた「平和提言」の功績を高く評価して名誉文学博士号を授与した。

池田名誉会長に
名誉称号を授与した主な大学の概略

□モスクワ大学

　1755年設立のロシアの最高学府。池田名誉会長のほかに名誉学術称号を受賞した著名人にはゲーテ、シラー、ダーウィンをはじめネルー大統領、周恩来首相、クリントン大統領、シラク大統領も名を連ねる。池田名誉会長は1975年に名誉博士号を、2002年には名誉教授称号を受賞。250年以上の歴史をもつモスクワ大学でも、二つの称号を個人で為した業績として受賞したのは名誉会長ただ一人である。

□北京大学

　1898年、清朝時代に設立された中国最初の大学であり、また最高峰の総合大学。

　文豪・魯迅が講義を担当するなど、中国の近代発展に中心的な役割を果たした学術機関である。1984年、池田名誉会長へ名誉教授称号を授与した際には、世界平和への貢献・国連平和賞の受賞、創価大学との学術・教育交流の実現、中日友好推進への尽力を高く評価した。

□ボローニャ大学

　1088年設立のイタリア・ボローニャにあるヨーロッパ最古の総合大学。「母なる大学」、「学生の大学」とも呼ばれ、ダンテ、コペルニクスも学んだ。

　池田名誉会長へは1994年、「人類の課題解決に向けて努力している点でボローニャ大学と目的を共有する」として名誉博士号を授与した。

視点6 世界に広がる「池田大作研究」の波《なみ》

世界はなぜ池田思想を求《もと》めるのか?

二十一世紀の幕開《まくあけ》けと歩《ほ》を合わせるように、各国の大学や学術《がくじゅつ》機関に、池田名誉会長の思想と行動を研究する研究所が相次《あいつ》いで生まれ始めた。

その動きがとくに顕著《けんちょ》なのは、中国である。二〇〇一年十二月に北京《ペキン》大学で「池田大作研究会」が発足《ほっそく》したのを皮切《かわき》りに、湖南師範《こなんしはん》大学の「池田大作研究所」(二〇〇二年発足)など、各地の大学で毎年、同様の機関の発足がつづいている。現在までに、じつに二十以上にのぼる研究機関が設立《せつりつ》されているのだ。

また、インドの「マハトマ・ガンジー非暴力《ひぼうりょく》開発センター」の中には、二〇〇二年に「池田価値創造《かちそうぞう》センター」が創設《そうせつ》されている。ガンジー研究の第一人者として知られる同センターのN・ラダクリシュナン所長は、池田名誉会長との対談集『人道の世紀へ』(第三文明社)の中で、「私が、センターをつくろうと決めたのは、マハトマ・ガンジーと池田会長の思想を、広く世界に展開するためです」と述べている。

同様の動きは、アジアにかぎらない。アルゼンチンの国立ローマス・デ・サモーラ大学には、二〇〇三年に「池田哲学普及常設委員会」が設立されている。北欧《ほくおう》デンマークの名門・アスコー国民高等学校にも、同じく二〇〇三年に「アスコー池田平和研究会」が設立された。

さらに、研究機関設立の前段階といえる動きも各国に広がっている。

たとえば、南米ベネズエラの国立カラボボ大学社会経済学部が推進《すいしん》している読書研究会では、名誉会長の対談集や毎年一月二十六日に発表される「SGIの日」記念提言《ていげん》が研究されている。

また、名誉会長の対談集や著作《ちょさく》が教材《きょうざい》として採用《さいよう》された大学も、米国の多数の大学、ブラジルのカンピーナス州立大学、ポーランドの国立ヴロツワフ大学、ケニアのナイロビ大学など、枚挙《まいきょ》にいとまがない。

日本人のうち、池田名誉会長以外《いがい》のいったい誰が、海外の大学でこれほど多くの研究所を作られ、研究されているだろうか？

世界はなぜ池田思想を求めるのか？　以下、その理由を、池田研究の広がりに先駆《せんく》した中国を例《れい》に考えてみることにしよう。

中国で突出《とっしゅつ》して高い池田思想評価《ひょうか》の背景《はいけい》

中国・湖南《こなん》大学「池田大作研究センター」の所長をつとめる同大の陳暁春《ちんぎょうしゅん》教授が、『大白蓮華』二〇〇八年十一月号のインタビューで、同センター設立の舞台裏《ぶたいうら》を明《あ》かしている。

「二〇〇六年四月、桜満開《さくらまんかい》の創価大学で、池田先生と初めてお会いしました。湖南大学からの名誉称号を池田先生に授与《じゅよ》するためでした。（中略）

空港から創価大学に向かう車中、私は留学《りゅうがく》時代から温《あたた》めていた構想を王《おう》（耀中《ようちゅう》）副学長に打ち明けました。『わが大学に池田先生の研究センターをつくりましょう』と。王副学長は『それはいい』と、すぐに了承《りょうしょう》してくれました。（中略）そして、半年後の二〇〇六年十月に大学の『重要学術機構』として正式に『池田大作研究センター』が設立されました」

――この例に見るように、名誉会長への学術的顕彰《がくじゅつてきけんしょう》とその思想を研究しようという動きは、深い次元《じげん》で連動《れんどう》している。

考えてみれば当然だろう。名誉学術称号は大学がその威信《いしん》をかけて贈《おく》る「知性《ちせい》の宝冠《ほうかん》」であり、授与《じゅよ》決定までには前章で述べたように厳正《げんせい》な検討《けんとう》がなされる。その検討過程《かてい》で、大学首脳《しゅのう》や教授陣《じん》は池田名誉会長について深く学ぶことになる。またそもそも、名誉会長の思想と行動を高く評価すればこそ、名誉学術称号授与が検討されるのである。

池田名誉会長が各国から授与された名誉学術称号には、中国の名門《めいもん》大学からの顕彰も多い。そして、すでに池田思想研究所が設立《せつりつ》されている大学は、その多くが名誉学術称号を授与した大学なのだ。（北京《ペキン》大学・武漢《ぶかん》大学・中山《ちゅうざん》大学・湖南師範《こなんしはん》大学・遼寧《りょうねい》師範大学など）

では、名誉会長の思想が中国でそれほど高い評価を受けるのはなぜか？　それには、いくつかの素地《そじ》がある。

まず挙《あ》げるべきは、「素地の素地」ともいうべきもの。中国人民が池田名誉会長（当時・会長）の思想と行動に注目するきっかけとなった、一九六八年の「日中国交正常化提言《にっちゅうこっこうせいじょうかていげん》」だ。文化大革命の激化《げきか》が懸念《けねん》されるなか、日中国交正常化を主張するだけでもあらゆる非難《ひなん》・攻撃《こうげき》を覚悟《かくご》しなければならなかった時代。その中であえてなされた勇気の提言である。

それは日本の新聞各紙がいっせいに取り上げたばかりでなく、当時日本に駐在《ちゅうざい》していた「新華社《しんかしゃ》」の劉徳有《りゅうとくゆう》記者が提言に注目し、全文を翻訳《ほんやく》して中国に打電《だでん》。周恩来《しゅうおんらい》総理のもとにも届《とど》けられた。周総理は提言に深い感銘《かんめい》を受け、そのことが六年後の周・池田会談にも結びついていく。

前出の『大白蓮華』のインタビューで、陳暁春《ちんぎょうしゅん》教授も日中提言のもつ重い意義《いぎ》に言及《げんきゅう》している。教授は、九歳のときにラジオから「日中提言」のニュースが流れたことによって、池田名誉会長の名前を初めて知ったという。そして、次のように述《の》べている。

「中日友好を叫《さけ》べば、命が危険にさらされるような時でした。そのような中で池田先生は勇気をもって師子吼《ししく》されたのです。だからこそ、中国人民は池田先生のことを信頼《しんらい》し、尊敬《そんけい》しているのです」

日中国交正常化の「井戸《いど》を掘《ほ》った人」としての池田名誉会長への信頼と尊敬――それが、イデオロギーの壁《かべ》を越《こ》えて名誉会長の哲学を受け入れる最初の素地となったのだ。

中国語版トインビー対談のインパクト

そして、次の大きな素地となったのが、名誉会長と歴史家アーノルド・トインビー博士との対談集『二十一世紀への対話』（以下、「トインビー対談」と略）が、一九八五年に中国で翻訳出版《ほんやくしゅっぱん》されたことである。

「トインビー対談」が、一九八〇年代中盤《ちゅうばん》の中国の知識層《ちしきそう》にどれほどのインパクトをもたらしたか？　その一端《いったん》を、魯迅《ろじん》研究の第一人者として知られる中国の文学博士・孫立川《そんりっせん》氏が証言している。

孫博士によれば、「トインビー対談」の中国語版が刊行された当時、「学生たちが早朝から書店の前に列《れつ》を作った」ほど、若い知識層に熱狂的《ねっきょうてき》に読まれたという。「こうした話を、北京に赴《おもむ》いた際《さい》に学者仲間と話題にしたところ、中国人民大学の教授や中国社会科学院の研究員の何人もが、この書を求めて列に並《なら》んだ経験者でもあったと言われ、驚《おどろ》いたものである」（『潮』二〇〇一年六月号／孫立川「なぜいま池田・トインビー対談なのか」）

孫博士はまた、「池田・トインビー対談は、アルビン・トフラーの『第三の波』などとともに、〝中国の若者に最《もっと》も影響《えいきょう》を与えた（現代の）十冊の書《しょ》〟に間違いなく入ると思います」とも語っている。（『聖教新聞』一九九九年一月一日付）

鄧小平《とうしょうへい》による「改革開放《かいかくかいほう》」時代に入っていた中国では、文化大革命の鉄鎖《てっさ》から解《と》き放《はな》たれた学術界に活気《かっき》があふれ、研究者も学生たちも二十一世紀に向けての新しい〝知《ち》の羅《ら》針盤《しんばん》〟を熱望《ねつぼう》していた。「二十世紀最大の歴史家」と日中国交正常化《こっこうせいじょうか》の「井戸を掘《ほ》った人」が編《あ》んだ対談集は、まさにその羅針盤にふさわしいものとして受け入れられたのである。そして、当時学生もしくは若手研究者として同対談に感銘《かんめい》を受けた人々が、現在、中国各大学の「池田研究所」の中軸《ちゅうじく》を担《にな》っているのだ。

高橋強《つよし》・創価大学教授は、編著『中国の碩学《せきがく》が見た池田大作』（第三文明社）の中で、池田研究の広がりのもう一つの背景を指摘《してき》している。それは、中国における周恩来《しゅうおんらい》研究の進《しん》展《てん》だ。周総理が果《は》たした役割、とくにその外交政策について研究が進むにつれ、日中国交正常化における「日本側の重要人物」としての名誉会長の存在がクローズアップされてきた、というのである。

高橋教授は重要《じゅうよう》なメルクマール（指標《しひょう》）として、二〇〇一年三月に、南開《なんかい》大学「周恩来研究センター」の研究をまとめた『周恩来と池田大作』（王永祥編）が、「中国共産党の人物・歴史研究についてはきわめて権威のある出版社」である中央文献出版社《ぶんけんしゅっぱんしゃ》から刊行《かんこう》されたことを挙《あ》げている。

北京《ペキン》大学に最初の「池田大作研究会」が発足《ほっそく》したのが、同書の刊行から九ヵ月後のことであるのも、偶然《ぐうぜん》ではあるまい。

社会の混迷《こんめい》切り開く「調和の哲学」を求めて

中国における池田研究は、研究所を設置《せっち》する大学が年々増《ふ》えるのみならず、活動内容においてもしだいに熱《ねつ》を帯《お》びている。その端的《たんてき》なあらわれが、二〇〇五年から毎年開催《かいさい》されてきた「池田大作思想国際学術《がくじゅつ》シンポジウム」の、次のような規模拡大《きぼかくだい》だ。（カッコ内は会場となった大学）

北京師範大学で行われた「平和と教育―池田大作思想国際学術シンポジウム」
（2008年10月、中国・北京）　©聖教新聞社

二〇〇六年（華中師範《かちゅうしはん》大学）／二十大学・学術機関から約七十人の研究者が参加
二〇〇七年（湖南《こなん》師範大学）／三十一大学・学術機関から約八十人の研究者が参加
二〇〇八年（北京師範大学）／四十七大学・学術機関から約百八十人の研究者が参加
二〇〇九年（遼寧師範大学）／五十七大学・学術機関から約二百人の研究者が参加

同様の国際学術シンポジウムは、ほかにもある。また、中国政府の教育・研究支援《しえん》プログラムに採択《さいたく》された研究もある。中国の人々はいま、まさに国を挙《あ》げて、池田名誉会長の思想と行動を真摯《しんし》に学んでいるのだ。

では、中国の研究者たちは池田思想のどのような側面《そくめん》に惹《ひ》かれ、何を学びとろうと

しているのか？　前掲《ぜんけい》の『中国の碩学が見た池田大作』によれば、これまでに発表された研究論文のうち、最《もっと》も多いのが教育思想関係のものであり、次いで人間学関係、その次に多いのが芸術・文学思想関係と平和思想関係の論文だという。

仏法を基調《きちょう》とした教育思想家・平和思想家としての名誉会長、そして「人間はいかに生きるべきか」を示してくれる「人間学の達人《たつじん》」としての名誉会長に、注目が集まっているのである。

中国における池田思想研究の中心的存在である北京大学の賈蕙萱《かけいけん》教授（同大「池田大作研究会」前会長）は、平和・教育・文化にわたる広範《こうはん》な分野を包含《ほうがん》する池田思想をつらぬく太《ふと》い縦糸《たていと》として、「調和理念《ちょうわ》」を挙げている。人間と人間の調和、人間と自然の調和、国家・民族間の調和、異《こと》なる宗教間の調和など、さまざまな次元《じげん》で調和をはかり、対立《たいりつ》と矛盾《むじゅん》を平和的に解決する智慧《ちえ》にこそ、池田思想の真骨頂《しんこっちょう》がある、というのだ。

賈教授によるこの主張は、中国の池田思想研究者のコンセンサス（合意）に近いと考えられる。というのも、池田思想国際学術シンポジウムのテーマにも、「調和社会と調和世界」（二〇〇六年度）、「多元《たげん》文化と世界の調和」（二〇〇七年度）など、「調和」という言葉がしばしば用《もち》いられているからだ。

中国の胡錦濤《こきんとう》政権が、「調和社会の構築《こうちく》」をスローガンに掲《かか》げていることはよく知られている。急速な経済発展によって、都市と農村の格差《かくさ》拡大、環境破壊《はかい》の深刻化《しんこくか》、個人主義の蔓延《まんえん》など、さまざまな面で〝調和《ちょうわ》の危機〟に立っている中国。だからこそ、その危機を乗り越えるための智慧《ちえ》として、仏法に根差《ねざ》した池田名誉会長の「調和の哲学」に注目が集まっている、という側面《そくめん》もあるのだろう。

そして、〝調和の危機〟に立っているのは、当然のことながら中国だけではない。グローバル化の急速な進展《しんてん》などによって、いまやどの国も多かれ少なかれ、先の見えない混迷《こんめい》、差異《さい》が生む対立の解消《かいしょう》に苦慮《くりょ》している。

だからこそ、池田名誉会長の思想を、各国の心ある研究者がこぞって求め、真摯《しんし》に学び始めているのだ。差異を乗り越え、混迷を切り開く「調和と共生《きょうせい》の哲学」として――。

視点7「ガンジー・キング・イケダ展」の広がりが示すもの

三十ヵ国以上に広がる、非暴力《ぼうりょく》と平和思想の展示

池田名誉会長の思想と行動は、国境《こっきょう》を越《こ》え、イデオロギーや文明の壁《かべ》を越《こ》えて注目を浴《あ》びている。その一つの証左《しょうさ》が前章で詳述《しょうじゅつ》した「池田思想研究《けんきゅう》」の世界的広がりだが、もう一つの大きな証左として、二〇〇一年四月に米国で始まった「ガンジー・キング・イケダ——平和建設の遺産《いさん》展（以下、ＧＫＩ展と略）」の広がりと反響《はんきょう》が挙《あ》げられる。

同展は、「インド独立《どくりつ》の父」マハトマ・ガンジー、米国史上最大の社会改革《かいかく》「公民権《こうみんけん》運動」の指導者マーチン・ルーサー・キング博士、そして池田名誉会長の三人を、非暴力《ひぼうりょく》平和思想を掲《かか》げた民衆運動の偉大《いだい》なリーダーとして紹介《しょうかい》、顕彰《けんしょう》する巡回《じゅんかい》展である。三人の幅広い事績《じせき》を網羅《もうら》する貴重《きちょう》な写真や文献《ぶんけん》資料を通じて、その思想と行動に共通する「民衆中心の人間主義」「非暴力」の普遍的《ふへんてき》価値を、わかりやすく浮《う》き彫《ぼ》りにした内容だ。

モアハウス大学キング国際チャペルのローレンス・カーター所長と会見
(2002年9月、東京)　©聖教新聞社

現在、同展は世界三十二ヵ国・地域にまで広がり、来場者はすでに百万人を超えている。その広がりの一端《いったん》を紹介しよう。

たとえば、米国ではプリンストン大学、エール大学、スタンフォード大学などの名門大学でも同展が行《おこな》われ、多くの学生が見学した。米カリフォルニア州では、小・中学・高校の四百校以上で同展が開催され、平和教育と異文化《いぶんか》理解、非暴力の意識啓発《いしきけいはつ》のための教材となった。

また、ニュージーランド、パラグアイ、ベネズエラ、メキシコの四ヵ国では、各国の国会議事堂《ぎじどう》で同展が開催され、国会議員らの共感《きょうかん》の声を集めた。

テロと紛争《ふんそう》がつづいた北アイルランド、冷戦の代理戦争の舞台となった中米ニカラグア、アパルトヘイト（人種隔離《かくり》政策）が長くつづいた南アフリカ共和国など、暴力の悲《ひ》劇《げき》の歴史をもつ国でも同展が開催され、その非暴力のメッセージが感動を呼《よ》んだ。そのほか、中東、アジア、ヨーロッパ各国など、文明・文化の壁を越えてGKI展は開催され、来場者からの賞讃《しょうさん》と共感を集めている。

以下、GKI展のそのような広がりが示すものについて、考えてみたい。

ガンジー、キングの理想を体現《たいげん》した名誉会長

GKI展をめぐり、日本の一部週刊誌等がSGIへの愚劣《ぐれつ》な中傷《ちゅうしょう》記事を掲載《けいさい》したことがある。だが実際には、GKI展はSGIが始めたものではない。同展の提唱者は、米国・モアハウス大学「キング国際チャペル」のローレンス・エドワード・カーター所長である。また、世界各国で行われてきた同展の大半もモアハウス大学の主催《しゅさい》であり、多くの場合、SGIは共催《きょうさい》者という立場なのである。

モアハウス大学は、キング博士の母校として知られる、バプテスト教会（キリスト教プロテスタントの一教派）系の名門大学。カーター氏が所長をつとめる同大の「キング国際チャペル」は、その名のとおり、キング博士の遺徳《いとく》を顕彰《けんしょう》するチャペル（キリスト教の教会）

である。

むろん、カーター所長自身も敬虔《けいけん》なキリスト者だ。また、所長は十七歳のときにキング博士と出会い、彼を「生涯の師」と仰《あお》いできた愛弟子《まなでし》の一人でもある。モアハウス大学の教授でもあり、「マーチン・ルーサー・キング師の生涯と思想」という講座《こうざ》を受けもってきた。

カーター所長は、二〇〇〇年に初めて池田名誉会長の思想・行動に触《ふ》れ、深く共鳴《きょうめい》。以来、名誉会長をガンジー、キングの思想継承者《けいしょうしゃ》ととらえ、その宣揚《せんよう》に尽力《じんりょく》してきた。GKI展もその一環《いっかん》なのである。

ガンジー、キングとともに名誉会長の名を冠《かん》した展示タイトルも、もちろんカーター所長の発案《はつあん》による。池田博正SGI副会長は、後日、そのときのことを次のように振り返っている。

「カーター所長の提案で『社会貢献《こうけん》賞』や『平和建設の遺産《いさん》』展に〝イケダ〟の名を加《くわ》えたいというアイデアをうかがった時は、正直《しょうじき》言って困惑《こんわく》の思いを抱《いだ》いた。

名誉会長は、常々《つねづね》、民衆に尽《つ》くすリーダーの模範《もはん》としてガンジーやキング博士の言動・思想を多くの方々に紹介してきたが、まさか自分の名が並べられようとは露《つゆ》ほども思っていなかった。

しかし、『SGI会長を紹介することで、牧口初代会長、戸田第二代会長から受け継《つ》がれた仏法の人間主義の民衆運動が、そしてSGIの皆さまが目指す世界平和の理想が、アメリカの人々に正しく理解されることになります。それはガンジー、キング博士の理想と大いに共鳴《きょうめい》するのです』との説明に、私は感銘《かんめい》を受けた」（『聖教新聞』二〇〇二年五月十一日付）

カーター所長は、「ガンジー、キング博士の理想を体現《たいげん》した人物こそ池田博士」「池田博士は、ガンジーとキングの非暴力《ひぼうりょく》思想に新《あら》たな息吹《いぶき》を吹《ふ》き込《こ》んだ」と語っている。

キリスト者である氏が、仏教指導者である池田名誉会長をなぜそれほど高く評価《ひょうか》するのか？　その問いに答えるために、次項では所長が名誉会長の思想に出合うまでの経緯《けいい》を紹介してみよう。

キング博士の弟子を驚嘆《きょうたん》させた、広範《こうはん》な平和行動

一九九九年、カーター所長は、米コロラド州のコロンバイン高校で起きた銃乱射《じゅうらんしゃ》事件に強い衝撃《しょうげき》を受けた。二人の男子生徒が十二人を殺害し、自《みずか》らも自殺したこの無残《むざん》な事件は、マイケル・ムーア監督のドキュメンタリー映画『ボウリング・フォー・コロンバイン』の題材《だいざい》となったこともあり、日本でもよく知られている。

事件を機《き》にカーター所長が調べてみたところ、コロンバイン高校の事件は氷山《ひょうざん》の一角《いっかく》にすぎず、米国二十六州の高校で同じような事件が起きていたことがわかった。それは氏にとって、米国にキング博士の非暴力思想が根付《ねづ》いていないことを示すサインに思えた。

自《みずか》らの「師」であるキング博士が、文字どおり命を賭《と》して米国民に訴《うった》えた非暴力思想。それを米国に継承《けいしょう》させゆくために、自分には何ができるのか？　カーター所長は考えつづけたすえに、ガンジー思想の宣揚《せんよう》が必要だと考えた。

もとより、キング博士はガンジーの思想と行動に強い影響を受けており、両者の思想は陸《りく》つづきである。しかし、多くの米国民にとって、キングは「黒人解放《かいほう》運動の指導者」というイメージがあまりに強く、キングの思想は普遍《ふへん》的な非暴力には結《むす》びつきにくい。だからこそ、ガンジー思想の宣揚が急務《きゅうむ》と考えたのだ。

そのため、氏はモアハウス大学内に、「融和《ゆうわ》のためのガンジー研究所」を設立《せつりつ》。そのことが新聞に報《ほう》じられると、予想をはるかに超《こ》えた反響を呼んだ。問い合わせや賛同《さんどう》などの電話が全米から殺到《さっとう》したのである。

たくさんの電話の中に、モアハウス大の近隣《きんりん》大学の社会学教授からのものがあった。その教授は、アメリカSGIの婦人部員だと名乗った。そして、「あなたが設立された研究所と同じことを、私たちSGIも実践《じっせん》していますよ」とカーター所長に言ったという。

電話をきっかけにその教授と親《した》しくなったカーター所長は、アメリカSGIの代表とも交《こう》流《りゅう》を始めた。そして、池田名誉会長の英訳《えいやく》著作の数々を、貪《むさぼ》るように読み込んでいったのだった。

カーター所長は驚嘆《きょうたん》した。名誉会長が成《な》し遂《と》げてきたこと――たとえば、各国の指導者や識者《しきしゃ》との文明間《かん》対話や、教育・文化・平和運動への幅広い貢献など――は、所長自らが実践したいと夢見てきたことだったからだ。

私は二〇〇五年に、来日したカーター所長にインタビューを行《おこな》った。そのときに、強い印象《いんしょう》を受けた言葉がある。

「キリスト者であるあなたが、なぜブディストのイケダを宣揚《せんよう》するのか？」と、カーター所長はしばしば質問される。そんなとき、所長は次のように答えるのだという。

「池田先生の思想を学ぶことによって、私は自分の信仰をいっそう深め、よりよいキリスト者となることができたのです」

名誉会長の思想が文明・イデオロギー・宗教の壁《かべ》を越《こ》えて広がりつつあることを、象《しょう》徴《ちょう》するエピソードであろう。

ガンジー、キングの「夢」を受け継いだ名誉会長

かつてキング博士が公民権《こうみんけん》運動に乗り出したころ、牧師たちの中にも博士を批判《ひはん》する声が少なくなかったという。「信仰者は魂《たましい》を救うことのみに専心《せんしん》すべきで、社会的行動に手を染《そ》めるべきではない」との批判であった。

だが、キングにとってはむしろ、現実を改革する力《ちから》となってこそ真《しん》の宗教であり、宗教者が社会改革に向かうのはごく自然なことだった。ガンジーも、「宗教を離《はな》れた政治はまったく汚《きたな》いものであって、つねに忌避《きひ》すべきものである」との言葉を遺《のこ》している。池田名誉会長もまた、同じ視座《しざ》に立っている。

「ガンジー、キング、イケダ」の三人は、拠《よ》って立つ宗教や社会・文化的背景こそ異《こと》なるものの、宗教を社会変革の基盤《きばん》となる「力《ちから》」に昇華《しょうか》させ、苦悩《くのう》にあえぐ民衆に勇気と希望を与えていった点で、大きな共通項《きょうつうこう》をもっているのだ。

キングの非暴力《ひぼうりょく》運動は、黒人差別《さべつ》の解消《かいしょう》だけにとどまるものではなかった。公民権運動によって制度上の人種差別が撤廃《てっぱい》されたあと、キングはより根源《こんげん》的な貧困の問題に目を向け、ベトナム戦争への反戦《はんせん》運動にも進んでいったのである。

最晩年《さいばんねん》のキングは、「貧者《ひんじゃ》の行進」という運動を計画していたという。人種・民族を超えて貧しい人々がワシントンDCに集い、政府に具体的な貧困対策を求めて行進するというものである。そのことは、戸田会長時代の創価学会が、「貧乏人《びんぼうにん》と病人の集まり」と嘲笑《ちょうしょう》されながらも、〝貧乏人と病人をなくすために妙法を広めるのだ〟と胸を張ったことを彷彿《ほうふつ》とさせる。

人種差別の問題からスタートしたキングの社会改革は、やがて人種を超え、虐《しいた》げられた全民衆の救済《きゅうさい》へと広がりつつあった。その矢先《やさき》に、キングは凶弾《きょうだん》に倒《たお》れたのである。

同じことが、ガンジーについても言えるだろう。ガンジーの非暴力闘争《とうそう》はインドを植民《しょくみん》地《ち》支配から解放《かいほう》することに向けられていたが、彼の闘《たたか》いはインド独立で〝終わった〟わけではない。

もしもガンジーとキングが暗殺《あんさつ》されなかったなら、二人は各国の指導者やオピニオン・リーダーたちと文明間《かん》対話をつづけたり、広範《こうはん》な平和・文化運動を指導したり、教育に力《ちから》を注《そそ》いでいったのではないか。池田名誉会長がいままさにそうしているように……。

熱心な創価学会員として知られる歌手の山本リンダさんが、一九六七年（昭和四十二年）に初めてアメリカ公演《こうえん》をした際《さい》の体験を、自叙伝《じじょでん》『どうにもとまらない私』（潮出版社）に綴《つづ》っている。

「私は公演の合間《あいま》を縫《ぬ》って、公演先の各都市でアメリカの学会メンバーのミーティング（日本でいう『座談会』）にも参加させていただきました。どのミーティングでも、黒人や白人など、さまざまな人種の方《かた》が和気《わき》あいあいと集《つど》い、信仰体験を語っては励《はげ》まし合っていました。

人種の壁が生む暴力が全米に渦巻《うずま》いていた時期だからこそ、私はその様子に強い印象を受けました」

一九六七年といえば、キング博士暗殺の前年である。キングが、その名高い演説「私には夢《ゆめ》がある」で語った、人々が人種の壁《かべ》を越《こ》えて同じテーブルで笑い合い、「手に手をとって兄弟姉妹となる」という夢。その夢の萌芽《ほうが》が、アメリカの地でもすでに生まれていたのである。池田名誉会長（当時・会長）の手によって……。

池田名誉会長は、ガンジーやキングの「夢」を受け継《つ》ぎ、仏法の叡智《えいち》で世界の人々を結び、人々の心の中に「平和の種《たね》」を蒔《ま》く作業を長年つづけてきた。その種が世界各地で花となり実《み》となりつつあることに、心ある人々は気づき始めている。ＧＫＩ展の世界的な広がりは、そのことを示《しめ》しているのではないだろうか。

アメリカで開催された「ガンジー・キング・イケダ」展（2008年10月）
© 聖教新聞社

モアハウス大学主催
『ガンジー・キング・イケダ展』が開催された世界32ヵ国・地域

- アメリカ
- イギリス
- アイスランド
- フランス
- ニュージーランド
- ドミニカ
- チリ
- パラグアイ
- ベネズエラ
- ヨルダン
- インド
- カナダ
- ドイツ
- スイス
- スペイン
- パナマ
- ブラジル
- ペルー
- コスタリカ
- ニカラグア
- 台湾
- ネパール
- トリニダードトバゴ
- フィンランド
- イタリア
- オーストラリア
- バハマ国
- ウルグアイ
- ボリビア
- メキシコ
- 南アフリカ共和国
- シンガポール
- 日本

PART
III

文化の勇者

一瞬の輝きをとらえる池田名誉会長（2004年8月、長野）

© 聖教新聞社

視点8　闘《たたか》う詩人、行動の詩人

利他《りた》の詩人・励《はげ》ましの詩人

池田名誉会長は、十代のころより古今東西《ここんとうざい》の詩歌《しいか》に親しみ、自《みずか》らも詩作をつづけてきた詩人でもある。生涯の師・戸田城聖第二代会長との運命的な邂逅《かいこう》に際しても、当時十九歳の名誉会長はその感動を一編の即興詩《そっきょうし》に託《たく》して披露《ひろう》した。

名誉会長の詩は国際的にも高い評価を受け、一九八一年には詩人の国際団体・世界芸術文化アカデミーから、日本人初の「桂冠詩人《けいかんしじん》」称号を受けている。

また、国際的詩人団体・世界詩歌協会は、名誉会長に対して「世界桂冠詩人」賞（一九九五年）と「世界民衆詩人」の称号（二〇〇七年）を、それぞれ授与している。

二〇〇八年三月にも、韓国の世界文人協会から名誉理事長の称号が授与されるとともに、同国の高名《こうめい》な詩人・黄錦燦《ファングムチャン》氏から、「蘇星《ソソン》」という詩号が池田名誉会長に贈られた。同年四月にも、モンゴル文化詩歌アカデミーから、第一号の「天の駿馬《てんのしゅんめ》」賞が授与された。

日本のいわゆる「詩壇《しだん》」の枠《わく》を超《こ》え、屹立《きつりつ》する高峰《こうほう》――そんな趣《おもむき》がある。

名誉会長の詩は、これまでに行数にして十三万行を超える。特筆すべきは、そのうちのじつに七割が七十歳を越えてから書かれたものだということである。このことは、詩に造詣《ぞうけい》の深い人々を驚嘆《きょうたん》させずにはおかない。たとえば、スリランカの名門・ケラニヤ大学のパッリヤグル博士は、次のように名誉会長を讃《たた》えている。

「人は若いときには勇気があり、決意があり、詩を書く。しかし、人生の苦難《くなん》を経験して詩を書かなくなる。七十代で詩を書きつづける人はまれである。

ところが池田博士は、青年を励ます詩を、いまもいきいきと書きつづけておられる。このような方は見たことがありません」（『聖教新聞』二〇〇四年八月一日付「特集 桂冠詩人 池田SGI会長の世界」）

年とともに衰《おとろ》えるどころか、年齢に比例《ひれい》していや増していく創作力。その秘密は、詩に向かう名誉会長の姿勢そのものにある。名誉会長は、随筆『大道《だいどう》を歩む』に次のように綴《つづ》っている。

「詩歌を綴る時、私の思いは、自身の喜び、楽しみはともかく、まず『いかに友を励ませるか』――この一点にあった」（『池田大作全集』第百二十六巻所収）

いうまでもなく、ふつう詩作とは自己表現の手段である。むろん、詩の中には社会性を帯《お》びたものもあるが、そうであっても、詩人自身の自己表現が主軸《しゅじく》となる。ところが名誉会長は、「自身の喜び、楽しみはともかく」と、こともなげに書く。そして、友を励ますためにこそ詩を書くのだと言い切る。

自己表現としての詩というより〝誰《だれ》かを励ますための詩〟であること、言いかえれば、利《り》己《こ》ではなく「利《り》他《た》の詩」であること――ここにこそ、詩人としての池田名誉会長の核がある。

名誉会長が八十歳を超えてなお旺盛《おうせい》な詩作をつづける理由も、そうした姿勢の中にあるのだろう。詩人がもっぱら自己の内側に目を向けていれば、青年時代のやわらかい感性が現実との苦闘の中で摩滅《まめつ》したとき、詩想《しそう》も消滅《しょうめつ》する。

だが、友を励ますために詩を紡《つむ》ぐ詩人には、詩の消滅は起こらない。友の数は経験とともに増えていくばかりであり、「いかに友を励ませるか」との熱い思いが詩想の源泉《げんせん》となって尽《つ》きることはないからだ。

二〇〇八年に名誉会長に贈られた詩号「蘇星《ソソン》」は、「永久《えいきゅう》に蘇生《そせい》し、永久に輝く」との意味が込められたものだという。詩の力《ちから》によって人々を蘇生させつづける名誉会長にこそ、この詩号はふさわしい。

不断《ふだん》の闘《たたか》いから紡《つむ》ぎ出される詩

池田名誉会長の詩は、実際に無数の人々を勇気づけ、「生きる力」を与えてきた。その端的《たんてき》な例として、長編詩「青年よ　二十一世紀の広布の山を登れ」をめぐるドラマが挙《あ》げられよう。

一九八一年（昭和五十六年）、名誉会長は、「第一次宗門事件」の最大の激震地《げきしんち》となった大分を訪問した。衣《ころも》の権威《けんい》で信徒を苦しめた悪僧《あくそう》と闘《たたか》い抜いた学会員の激励のためである。この詩はその際、現地の青年部員とともに作りあげたものだ。

名誉会長が詩想の迸《ほとばし》るままに口述《こうじゅつ》する詩を、青年たちが猛然《もうぜん》と書きとめる。そのメモを付き合わせてまとめたものに、さらに名誉会長が朱《しゅ》を入れる形で、詩は作られていった。

大分から発表された「青年よ　二十一世紀の広布の山を登れ」は、全国の青年部員の二十一世紀へ向けての指針となった。数えきれないほど多くの青年たちが、否《いな》、青年のみならずすべての同志が、一編の詩に深く鼓舞《こぶ》され、勇気と希望を与えられたのである。

そして、二十一世紀を間近《まぢか》に控《ひか》えた一九九九年（平成十一年）、名誉会長はこの詩に加筆《かひつ》した新たな版を『聖教新聞』に発表。新世代の青年部員たちを鼓舞する詩ともなった。

師弟共戦の歴史を刻む長編詩「青年よ　二十一世紀の広布の山を登れ」の歌碑（大分平和会館）
©聖教新聞社

この「青年よ　二十一世紀の広布の山を登れ」をめぐるドラマが象徴《しょうちょう》するように、名誉会長の詩はつねに闘《たたか》いのさなかに作られる。日々の激務《げきむ》のわずかの合間《あいま》を縫《ぬ》って口述《こうじゅつ》したり、移動の車中で詩想《しそう》を書きとめたり、という形で……。

詩人といえば、人はとかく、感傷《かんしょう》とロマンの世界に遊戯《ゆうげ》するような静的なイメージばかりを思い浮《う》かべがちだ。もちろん、それも詩人の一面ではあろう。だが、名誉会長はそうではない。何よりもまず「闘《たたか》う詩人」であり、「行動の詩人」なのである。

そして、文学史を振り返れば、時代を超《こ》えて輝く詩聖《しせい》の多くは「闘う詩人」であり、「行動の詩人」であったことがわかる。

たとえば、フランスの文豪・ユゴーは、

言論の自由を封殺《ふうさつ》したナポレオン三世の暴政《ぼうせい》に対し、抵抗運動を組織して闘った。そのことで亡命《ぼうめい》を余儀《よぎ》なくされたものの、ナポレオン三世を批判する作品（『懲罰《ちょうばつ》詩集』など）を亡命先で次々と執筆していった。国外で出版されたそれらの作品は、ひそかにフランス国内に持ち込まれ、圧政《あっせい》に憤《いきどお》る国民たちに熱狂的に受け入れられた。ユゴーにとって詩は〝言葉の弾丸《だんがん》〟でもあった。

真の詩人は人間の自由を謳《うた》い、魂《たましい》の解放《かいほう》を目指す。ゆえに、人間を束縛《そくばく》し、蹂躙《じゅうりん》しようとする悪《あ》しき権力者との衝突《しょうとつ》は、必然《ひつぜん》なのである。

むろん、現代日本に生きる詩人には、詩の内容によって投獄《とうごく》されたりする危険はない。それでも、池田名誉会長には、ユゴーらの系譜《けいふ》につらなる「闘う詩人」の風格がある。名誉会長にとっても、詩は権力の横暴《おうぼう》と闘うための武器《ぶき》でもあったからだ。

たとえば、一九七六年（昭和五十一年）から七八年にかけて、名誉会長が「山本伸一《やまもとしんいち》」のペンネームを用いて作詞・作曲した「人間革命の歌」「広布に走れ」などの一連の学会歌がある。それらの歌は、宗門の悪侶《あくりょ》との闘いのさなか、言葉の力《ちから》による反転攻勢《はんてんこうせい》として作られたものでもあった。「人間革命の歌」について、名誉会長はのちにこう述懐《じゅっかい》している。

「この歌を作った当時は、すでに第一次の宗門問題の兆《きざ》しが現れていた時期である。（中略）民衆をいじめ、僧衣《そうい》の権威《けんい》で縛《しば》りつけようとする悪侶らの陰険《いんけん》な言動――だからこそ私は、いわば新たなる『魂の自由の歌』、『幸福への前進』の歌を、全国の友に贈《おく》りたかったのである」（『大道を歩む』）

そして、理不尽《りふじん》な圧力により会長辞任を余儀《よぎ》なくされ、池田名誉会長のスピーチも写真も『聖教新聞』に載せられなかった時期、全国の学会員は、「人間革命の歌」などを口ずさむことで師との絆《きずな》を確かめ、勇気と希望を与えられた。宗門の反学会僧侶たちは当時、会合における「学会歌の歌唱の自粛《じしゅく》」さえ求めたが、会員が口ずさむことまで禁《きん》ずるわけにはいかなかった。

詩聖タゴールの詩が、インドの民衆に「歌」として口ずさまれることによって広まっていった、という逸話《いつわ》を彷彿《ほうふつ》とさせる。学会員たちは、名誉会長の詩を学会歌として歌いつづけることによって、命の奥深くにまで刻みつけてきたのだ。

一流の知識人の魂《たましい》を揺《ゆ》さぶる詩

池田名誉会長の詩に魂を揺《ゆ》さぶられるのは、当然のことながら学会員だけではない。世界各国の一流の詩人、詩心をもつ識者・指導者が、こぞって名誉会長の詩を讃嘆《さんたん》している。

世界詩歌《しいか》協会の会長であるインドの詩人クリシュナ・スリニバス博士は、名誉会長の英文詩集『わが心の詩』を初《はじ》めて読んだときの感動を、次のように表現している。

「今日まで、世界六大陸の三万人以上の作品を『ポエット』誌（スリニバス博士主宰《しゅさい》の国際的詩誌）に掲載してきたが、これほど私の心を激しく打った詩人はいなかった」（『聖教新聞』一九九五年八月十日付）

『ポエット』誌にはインドの大統領、首相も自作の詩を寄せつづけているが、スリニバス博士は『ポエット』の表紙を飾るのは池田名誉会長の詩でなくてはならないと、この三十年間、途切《とぎ》れることなく名誉会長の詩を表紙に掲載しつづけているのである。

また、米・コルゲート大学教授でエマソン協会の会長もつとめるサーラ・ワイダー博士は、最愛の両親をつづけざまに喪《うしな》って悲しみの淵《ふち》に沈《しず》んでいたとき、SGIメンバーから献呈《けんてい》された名誉会長の英訳詩集『詩人の星』を読み、その悲哀《ひあい》から蘇生《そせい》したという。

博士はのちに、そのときの感動を「詩を読むうちに、（SGI）会長が私のすぐそばで語りかけ、励ましてくれているような思いがしてきました」と述懐《じゅっかい》している。博士はその後、名誉会長とも対談を行うなど、SGIとの絆《きずな》を深めていくが、その懸《か》け橋《はし》となったのは名誉会長の詩だったのである。ワイダー博士は、名誉会長の詩を大学の講義の教材にも用いている。

インドの詩人・教育者のセトゥ・クマナン博士は、名誉会長の「母」の詩に深く感動し、「この人こそ、我が師匠《ししょう》だ！」と思い定めたという人物である。以後、博士は名誉会長の著作をむさぼるように学び、自《みずか》らが経営する学園でも名誉会長の詩と思想を教え始めた。そして、二〇〇〇年にはついに、「母の慈愛《じあい》を謳《うた》う師匠にこたえよう。そのために女性教育の最高学府を創立しよう」と、インド創価池田女子大学を開学した（池田名誉会長は同大の名誉創立者、香峯子夫人は名誉学長）。名誉会長の一編の詩が、一人の魂《たましい》をそれほど強く揺《ゆ》さぶり、その人生を変えたのである。ちなみに、日本の文豪・井上靖《やすし》氏も、池田名誉会長との往復書簡集『四季《しき》の雁書《がんしょ》』において、次のように綴《つづ》っている。

「池田さんの詩集『青年の譜《ふ》』を読み、そこに収《おさ》められてある『母』に心打たれました。母が持つ愛の無限の深さ、強さ、広さ、美しさを称《たた》えて、その汚《けが》れなき広大な愛を、この人間社会関係の基調に置くことができたらと、高い調子で謳《うた》っておられます」

池田名誉会長の詩が、そのように国境《こっきょう》を越え、文化の壁《かべ》を越えて人々を感銘《かんめい》させるのはなぜか？　それは、名誉会長の詩の普遍性《ふへんせい》ゆえであろう。母の慈愛のような普遍的な価値について、平明《へいめい》な言葉で深く表現する詩。人間を讃《たた》え、読む者の心を鼓舞《こぶ》する詩――。限られた人々にしか理解できないような表現の隘路《あいろ》に陥《おちい》ってはいないのだ。

名誉会長が、南アフリカのアパルトヘイト（人種隔離《かくり》政策）に抗《こう》して闘《たたか》った人権闘争の大詩人、オズワルド・ムチャーリ氏に贈った「詩人――魂の戦士《せんし》」という詩がある（名誉会長の詩集『私の心の世界』所収)。この詩はそのまま、詩人としての名誉会長の姿を表現したもののようにも思える。その一節を最後に引こう。

「真正《しんせい》の詩人は
戦いのなかで生まれる
戦う民衆のなかで目覚《めざ》める
(中略)

彼は
自らの生命を差し出す
民衆の病める魂を癒《いや》すために
生命は　生命と出会ってこそ
偉大なる光を放つと知るゆえに

詩人は
自ら炎《ほのお》となる」

視点9　民衆文学の金字塔《きんじとう》『人間革命』の世界

半世紀近くも読者を鼓舞《こぶ》しつづけてきた雄編《ゆうへん》

あまたの著作《ちょさく》をもつ池田名誉会長だが、そのうち最《もっと》も一般に知られているのは、昭和期を代表するベストセラーの一つとなり、二度にわたって映画化もされた小説『人間革命』であろう。

『人間革命』は、『聖教新聞』に一九六五年（昭和四十年）元日号《がんじつ》から連載《れんさい》され、一九九三年（平成五年）二月に完結した。同年八月には続編『新・人間革命』の連載が開始され、現在もつづいている。途中、『人間革命』は諸般《しょはん》の事情から十年半に及ぶ休載《きゅうさい》期間があったものの、じつに四十数年にわたり執筆《しっぴつ》されつづけているのだ。

連載回数も未曾有《みぞう》である。『人間革命』以前、新聞小説の連載最長記録は山岡荘八作『徳川家康』の四千七百二十五回であった。だが、全三十巻を予定しているという『新・人間革命』は第二十二巻の時点ですでに連載四千三百回を超《こ》えており、単独でも『徳川家康』の記録を破《やぶ》ることは間違いない。千五百九回をもって完結《かんけつ》した『人間革命』と合わせれば、すでに五千八百回を超えている。まさしく日本最長《さいちょう》の新聞連載小説である。そして、新聞小説という形式が諸外国にはほとんど見られないこともあり、実質上、世界最長の新聞小説といってよいだろう。

執筆・連載期間が長いというだけではない。日本のみならず世界各国で刊行《かんこう》されてきたという点でも、類《るい》を見ない。

『人間革命』『新・人間革命』は、これまでに文庫本《ぶんこぼん》などを含《ふく》めて累計《るいけい》五千万部近い発行部数を数えてきた。また、一九七二年（昭和四十七年）に英語版第一巻が発刊されたのを皮切《かわき》りに、フランス語・ドイツ語・スペイン語・イタリア語・ポルトガル語・韓国語・中国語など、これまでに十一の言語に翻訳《ほんやく》され、各国でベストセラーとなっている。外国語版もすでに二百万部を超えているという。

日本では発行のたびにベストセラーとなる。しかもそれは、出版界に現れては消える一過性のベストセラーとは次元が違う。多くの読者が毎日の連載を熱心に切り抜きして熟読《じゅくどく》し、各地でその内容を研鑽《けんさん》する勉強会が日々開催されている。数え切れないほどの読者を鼓舞《こぶ》しつづけ、世代を超えて読み継《つ》がれてきたという点でも、未曾有《みぞう》の小説なのである。

そして、池田名誉会長にとって、三十六歳で執筆を開始し、八十二歳のいまも日々書きつづけている『人間革命』『新・人間革命』は、まさに生涯《しょうがい》をかけた「ライフワーク」といえる。

ゆえに、この大河《たいが》小説を抜きにして名誉会長を論ずることはできない。

「師弟不二《していふに》」の精神みなぎる大河《たいが》小説

名誉会長の『人間革命』に先立《さきだ》って、師である戸田城聖第二代会長も、小説『人間革命』を書いている。

戸田版『人間革命』は、『聖教新聞』の創刊号（昭和二十六年四月二十日付）から三年四ヵ月にわたって連載された。名誉会長の『人間革命』が事実に基《もと》づいているのに対し、こちらは基本的にフィクションである。ただし、主人公「巌《がん》さん」は戸田会長自身をモデルにしており、牧口常三郎初代会長は実名で登場する。また、戦時中の創価学会弾圧《だんあつ》をめぐる描写《びょうしゃ》は、事実に基づいたものとなっている。

戸田版『人間革命』は、戸田会長の分身《ぶんしん》である主人公が獄中《ごくちゅう》で悟達《ごだつ》し、生涯を法華経《ほけきょう》流布《るふ》に捧《ささ》げると誓《ちか》う場面で幕《まく》となる。一方、名誉会長の『人間革命』は戸田会長の出獄《しゅつごく》から書き起こされ、戸田版を引き継ぐ形となっている。

池田名誉会長は、昭和二十六年（一九五一年）の春、戸田会長（当時・理事長）から『人間

創価学会本部で執筆をする池田名誉会長（2009年４月、東京）　© 聖教新聞社

革命』の連載第一回の原稿《げんこう》を見せられた際《さい》、「私もまた、いつの日か続『人間革命』ともいうべきものを書かねばならない」と決意したという。（『人間革命』第一巻「はじめに」）

さらにさかのぼるなら、名誉会長が入会して間もない十九歳のころ、師の伝記を執《しっ》筆《ぴっ》するという着想《ちゃくそう》はすでに生まれていたという。そして、戸田会長の事業が行《ゆ》き詰《づ》まるなどして共《とも》に苦闘《くとう》を重ねる中で、誤解《ごかい》されがちな師の真実を後世《こうせい》に伝え残さねば、とのやむにやまれぬ思いがしだいにつのっていったのだろう。

その思いは、戸田会長の逝去《せいきょ》（昭和三十三年四月）によっていよいよ強まった。現代に日蓮仏法をいきいきと蘇《よみがえ》らせ、戦後日本に比類《ひるい》なき民衆《みんしゅう》城《じょう》を築《きず》き上げた戸田会長の偉大さを、世間は正視眼《せいしがん》で評価しようとはしなかったからである。師の学会葬《そう》を終えて間《ま》もないころの名誉会長の日記には、次のような一節が見える。

「戦《たたか》おう。師《し》の偉大《いだい》さを、世界に証明《しょうめい》するために。一直線《いっちょくせん》に進むぞ。断《だん》じて戦うぞ。障《しょう》魔《ま》の怒濤《どとう》を乗り越えて」（『池田大作全集』第三十七巻所収）

――この決意が、やがて『人間革命』『新・人間革命』に結実《けつじつ》していくことになる。

名誉会長が『人間革命』執筆《しっぴつ》の決意を初めて公《おおやけ》にしたのは、戸田会長の七回忌《き》法要《ほうよう》（昭和三十九年四月二日）の席上でのこと。あいさつの中で、名誉会長（当時・会長）は次のように述《の》べたのだ。

「本日を契機《けいき》として私は、報恩《ほうおん》の誠《まこと》の一つとして、戸田先生の出獄《しゅつごく》以来、なくなられるまでの業績《ぎょうせき》、指導等を書き残したいと思うのです。（中略）恩師からたまわった指導をぜんぶ含《ふく》め、また、恩師をいじめ、批判《ひはん》してきた、いっさいの評論家《ひょうろんか》や学者や、そしてまた政治家等の誹謗《ひぼう》に対して、批判を打ち破《やぶ》る『人間革命』を書ききっておきたいと思うのです」

名誉会長は、会長就任の際に誓願《せいがん》した三百万世帯の達成を七回忌までに成《な》し遂《と》げ、その勝利の報告をもって『人間革命』執筆に着手《ちゃくしゅ》しようと、自《みずか》らに誓《ちか》っていたという。その誓いのとおり、七回忌を待たずして昭和三十七年（一九六二年）十一月に三百万世帯が達成され、『人間革命』執筆に向けての準備が開始されたのだった。

これらのことが示すのは、名誉会長の『人間革命』は何よりもまず、「師弟不二《していふに》」の精神につらぬかれた大河《たいが》小説であるということだ。師の真実を正しく伝え残したいとの弟子の想《おも》いが、全編に横溢《おういつ》している。

『人間革命』の新聞連載《れんさい》は平成五年（一九九三年）二月十一日付で完結したが、この日は戸田会長の生誕《せいたん》九十三周年にあたる日であった。そして、最終回の文末《ぶんまつ》には「わが恩師戸田城聖先生に捧《ささ》ぐ　弟子　池田大作」と記されていた。誕生の経緯《けいい》から最後の一行に至《いた》るまで、作品の隅々《すみずみ》にまで師への赤誠《せきせい》があふれた小説なのだ。

その意味で比肩《ひけん》すべきは、著作を遺《のこ》さなかった師ソクラテスの真実を弟子プラトンが書き残した史実《しじつ》であろうか。もしプラトンなかりせば、ソクラテスが偉大な哲学者として名を残すことはなかったに違いない。同様に、『人間革命』を筆頭《ひっとう》とする名誉会長の著作がなければ、戸田城聖という不世出《ふせいしゅつ》の偉人が現在のように広く知られることはなかったであろう。

平和への祈りを基調音《きちょうおん》とした「戦後史」の側面《そくめん》も

伝記文学《でんきぶんがく》といえば、主人公の出生《しゅっしょう》から始まり、臨終《りんじゅう》に至るまでをつぶさに追《お》う形式が一《いっ》般的《ぱんてき》である。しかし『人間革命』は、壮年に達した戸田が終戦直後の焼け野原《やけのはら》に立つ場面から書き起こされている。そうした形をとった理由について、池田名誉会長は『随筆《ずいひつ》　人間革命』の中で次のように述べている。

「戸田先生の生涯《しょうがい》をつぶさに辿《たど》っていくと、先生の運命というものは、根本のところで日本社会の運命を左右《さゆう》するところにあったことを知った。（中略）してみると、戸田城聖の人間関係は、日本社会の運命を背景としたとき、初めて鮮明《せんめい》に蘇《よみがえ》ると悟《さと》ったのである。

ゆえに、出生から書き始めることをやめて、彼の生涯の最大の転機《てんき》である出獄を、敗戦の色濃《いろこ》い、日本の運命の背景をもとに書き始めたのである」（『池田大作全集』第二十二巻所収）

その結果、『人間革命』は、戸田城聖の後半生《こうはんせい》と戦後の創価学会史、そしてその背景に浮かび上がる日本の戦後史が随所《ずいしょ》で共鳴《きょうめい》し合う作品となった。

『人間革命』は、戸田の死後、作中には「山本伸一」として登場する池田名誉会長が、第三代会長に就任する場面で幕《まく》となる。そして、続編の『新・人間革命』は、池田会長時代の創価学会の人間群像《ぐんぞう》を描《えが》いている。『人間革命』『新・人間革命』とも、広い意味では日本の「戦後」が背景となっているといってよい。創価学会史をフィルターとして鳥瞰《ちょうかん》した、日本の戦後史を描《えが》いた大河《たいが》小説でもあるのだ。

『人間革命』は、昭和三十九年（一九六四年）年十二月二日、創価学会沖縄本部の一室で

執筆《しっぴつ》が開始された。書き出しの一節「戦争《せんそう》ほど、残酷《ざんこく》なものはない。／戦争ほど、悲惨《ひさん》なものはない」は、全編をつらぬく基調音《きちょうおん》でもある。だからこそ、さきの戦争で最も悲惨な地上戦が戦われた沖縄が、筆《ふで》を起《お》こすにふさわしい地として選ばれたのである。

そして、続編『新・人間革命』は、「平和ほど、尊《とうと》きものはない。／平和ほど、幸福なものはない。／平和こそ、人類の進むべき、根本《こんぽん》の第一歩であらねばならない」との一節から始まっている。

『人間革命』『新・人間革命』という大河の底流《ていりゅう》を一貫《いっかん》して流れるのは、言葉の本来の意味での「反戦」であり、平和への祈りなのである。そして特筆《とくひつ》すべきは、その祈りがつねに「平和への行動」に裏《うら》づけられているということだ。

評論家《ひょうろんか》の岡庭昇《おかにわのぼる》氏は、次のように述べている。

「『人間革命』は創価学会員にとって、あたかも巨大な聖典《せいてん》であることに間違いはない。とはいえ、それをただ聖典と呼ぶのは正しくないだろう。

その聖典が、細分化《さいぶんか》し専門化した単《たん》なる仏典の研究でも宗教哲学の教えでもなく、山本伸一という人間の真理を得《え》んとする戦いの軌跡《きせき》として終始貫《つらぬ》かれているところに、まことにこの宗教運動がまさに稀《まれ》に見る『運動体』であることの証拠《しょうこ》が示《し》されているとわたしは思う。

つまり『どのように信じるか』という宗教の根本は、ここでは正当に『どのように行動

するか』にいつも置《お》き換《か》えられる」（『聖教新聞』二〇〇七年一月十五日付）

『人間革命』『新・人間革命』における「平和」とは、理想《りそう》や観念《かんねん》としての平和ではない。戸田城聖が、山本伸一が、そしてその弟子たちが、平和を希求《ききゅう》していかに行動し、いかに民衆の海に飛び込み、日本を、また世界を駆《か》けめぐったか――その行動の軌跡、戦いの軌跡がつぶさに描かれているのだ。その点にこそ、この大河小説の卓越性《たくえつせい》がある。

「大我《たいが》」の精神につらぬかれた、民衆文学の金字塔《きんじとう》

前章で名誉会長の詩人としての側面《そくめん》を論じた際《さい》、私は次のように記《しる》した。

「自己表現としての詩というより〝誰《だれ》かを励《はげ》ますための詩〟であること、言いかえれば、利《り》己《こ》ではなく『利他《りた》の詩』であること――ここにこそ、詩人としての池田名誉会長の核《かく》がある」

このことは、小説である『人間革命』『新・人間革命』についてもそのままあてはまる。ちっぽけな利己の小説、作家個人の名聞名利《みょうもんみょうり》のための小説ではなく、民衆のため、人類のために書かれた小説であること――それこそが『人間革命』『新・人間革命』の特長《とくちょう》なのである。

ある高名《こうめい》な文学者が、次のように語っていたという。

「芥川《あくたがわ》賞、直木《なおき》賞をはじめ、日本には多くの文学賞がある。受賞作品を見ても、テーマ、文体、スタイル等、それぞれ違いは千差万別《せんさばんべつ》である。

だが、結局『小我《しょうが》』の域《いき》を出ない。民衆の幸福、社会の繁栄《はんえい》、世界と人類の運命《うんめい》等といった『大我《たいが》』の価値《かち》を対象《たいしょう》にしていない。

池田会長の文筆《ぶんぴつ》活動は、いわゆる〝文壇《ぶんだん》〟のような小さな枠《わく》には収《おさ》まりきらない。

だからこそ世界の名だたる文化・学術機関、そしてノーベル賞級の文学者までが讃嘆《さんたん》を惜《お》しまないのであろう」（『聖教新聞』二〇〇七年十二月十一日付「論苑」より）

『人間革命』『新・人間革命』こそ、民衆の幸福、世界の平和といった「大我」の価値を中核《ちゅうかく》に据《す》えた、日本文学に類《るい》を見ない

『人間革命』、は世界各国でもベストセラーとなっている　© 聖教新聞社

作品である。しかも、それは専業《せんぎょう》作家の手になるものではなく、民衆のため、世界平和のために奔走《ほんそう》する激務《げきむ》のさなかに綴《つづ》られてきた。

「大我」の精神につらぬかれた、民衆文学の金字塔《きんじとう》『人間革命』『新・人間革命』。その価値は、日本の文壇などという狭《せま》い枠を超越《ちょうえつ》し、世界に不滅《ふめつ》の光彩《こうさい》を放《はな》ちつづけるに違いない。

視点10「目で詠《よ》まれた詩」――池田名誉会長と写真

一瞬《いっしゅん》を切り取る「精神闘争《せいしんとうそう》」

池田名誉会長の人間像《ぞう》の中で大きな位置を占《し》めているのが、芸術家としての側面《そくめん》である。詩人としても世界的な評価《ひょうか》を受け、大河《たいが》小説『人間革命』『新・人間革命』をライフワークとして書きつづけるなど、著述分野での活動は多彩《たさい》だが、もう一つ、写真というジャンルにおける活躍《かつやく》も見逃《みのが》すことはできない。

もとより、名誉会長はプロの写真家ではない。また、その写真の多くは日々の執務《しつむ》の合間《あいま》や移動の途中《とちゅう》などに撮影《さつえい》されたものである。だが、名誉会長にとって写真とは、けっして片手間《かたてま》の趣味《しゅみ》などではない。

名誉会長は、一九九九年（平成十一年）にシンガポール写真家協会から外国人初の「終身《しゅうしん》名誉会員証」を授与《じゅよ》された際《さい》、授与式での謝辞《しゃじ》で次のように述《の》べている。

「写真を撮影するのも、私にとっては、趣味では絶対にありません。精神闘争《せいしんとうそう》の一環《いっかん》であると思っております」「再《ふたた》びのくり返しはない——その〝瞬間《しゅんかん》〟を、断《だん》じてのがさない。ゆえに、私にとって写真は〝戦い〟であります」（『聖教新聞』九九年十月二十五日付）

　長年各地で開催《かいさい》されてきた名誉会長の写真展が「自然との対話」と銘打《めいう》たれているように、被写体《ひしゃたい》の大半《たいはん》は自然である。草花《くさばな》や空、月、太陽、山、川、道、車窓《しゃそう》や機中《きちゅう》からの風景など……。それも、息を呑《の》むような絶景《ぜっけい》より、何《なに》げない日常の中の自然が素材《そざい》となることが多い。撮影技術そのものはプロの写真家のほうが上かもしれないし、使用するカメラも被写体も何ら特別なものではないのだ。

　にもかかわらず、名誉会長の写真は、世界的芸術家を含《ふく》む多くの人を魅了《みりょう》してやまない。カメラを介《かい》して、自然の中にある生命の輝きを切り取る「精神闘争」——それ自体が観《み》る者を感動させるのである。

　名誉会長の写真を讃《たた》えた栄誉《えいよ》も多い。いくつか例を挙げよう。

　一九八九年（平成元年）には、写真発祥《はっしょう》の地・パリにある「フランス写真博物館」から、初の「名誉会員」に選ばれている。また、九一年（平成三年）にはオーストリア芸術家協会から、〝写真芸術の優《すぐ》れた業績〟が評価され、同協会の最高位である「在外《ざいがい》会員証」を、日本人として初めて贈られた。

　九五年（平成七年）には、台湾《たいわん》で発刊《はっかん》された『日本当代撮影大師』（「現代日本の名写真家」

の意）という写真集で、名誉会長は日本を代表する九人の写真家の一人として紹介されている。ほかの八人には、土門拳《どもんけん》氏、三木淳《じゅん》氏など錚々《そうそう》たる大家《たいか》が名を連《つら》ねていた。そして、名誉会長の作品を紹介した章には、「写真を用《もち》いて生命を詠《うた》う」という章題《しょうだい》が付《ふ》されていた。

名誉会長と写真との出合い

池田名誉会長が本格的に写真を撮《と》り始めたのは、一九七〇年（昭和四十五年）ごろからである。当時、名誉会長（当時・会長）は過労《かろう》から体調《たいちょう》を崩《くず》していた。その様子《ようす》を見て心配したある人が、「気分転換《てんかん》に写真でも撮られては？」と、一台のカメラを見舞いに贈ってくれた。

幸《さいわ》い体調も復《ふく》したので、名誉会長は贈られたカメラで撮影《さつえい》した写真を、「このように元気になりました」と、真心《まごころ》に応《こた》えるため、その人に差し上げようと考えた。それが、写真を撮り始めたそもそものきっかけであったという。

当初は会合参加者や身近な人物のスナップも撮ったが、名誉会長の関心はしだいに自然の美しさに向けられていった。その契機《けいき》となった出来事《できごと》が、七一年六月にあった。北海道・大沼湖畔《おおぬまこはん》にある、創価学会大沼研修所（現・函館研修道場）の開所式に出席したときのことである。

前夜、式に先立《さきだ》って車で研修所の周囲《しゅうい》を視察《しさつ》した名誉会長は、湖面《こめん》を金波銀波《きんぱぎんぱ》に彩《いろど》る荘《そう》厳《ごん》な月光《げっこう》の輝きに目を奪《うば》われた。車をとめてもらい、湖畔を散策《さんさく》した。露光《ろこう》の弱い月光である。三脚《さんきゃく》を組み立て、夢中《むちゅう》でシャッターを切りつづけた。

この出来事は小説『新・人間革命』十五巻「開花」の章にも描《えが》かれているが、そこには次のような一節がある。

「この写真が上手《じょうず》に撮れていたら、同志に贈りたいと思った。日夜、人びとの幸福のため、社会のために献身《けんしん》する同志たちと、大自然がもたらした束《つか》の間《ま》の美の感動を分《わ》かち合い、励《はげ》ましを送りたかったのである」

このときに撮られた月の写真は、同志の代表に贈られた。また、翌七二年の沖縄訪問に際し、大きく引き延《の》ばしたものが沖縄本部に贈られ、会館に飾《かざ》られた。

名誉会長は、大沼での出来事を機《き》に月の写真を撮ることが多くなり、一九七三年（昭和四十八年）には各地で撮った月の写真を集めて『写真集・月』を編《あ》んだ。非売品《ひばいひん》ではあったが、これが名誉会長にとって最初の写真集となった。

それから四十年近くを経《へ》た現在に至るまで、名誉会長はカメラによる「自然との対話」から生まれた写真で世界の同志を励ましつづけているが、その淵源《えんげん》がここにあったのである。

いまや、各地の学会会館には名誉会長が折々《おりおり》に撮った写真が飾られているが、そのことに込めた思いについて、名誉会長は本部幹部会のスピーチで次のように述《の》べている。
「学会の会館の中を飾るのに、絵は高くて、すべての会館に置《お》くわけにはいかない。かといって壁に何もないのでは、あまりに殺風景《さっぷうけい》であろう。
それならば、写真を置いてはどうかと思い、寸暇《すんか》を見つけては、目にした自然の光景などを撮影するようにしてきたのである」(『聖教新聞』二〇〇五年十一月十五日付)
名誉会長が写真を撮るのは、何よりもまず、けなげな同志たちを励ますためなのである。詩や短歌・俳句、学会歌(の作詞作曲)、小説など、名誉会長の表現活動すべてがそうであるように……。

世界的芸術家たちを魅了《みりょう》する作品群《さくひんぐん》

池田名誉会長の写真が魅了《みりょう》してきたのは、創価学会・SGIのメンバーだけではない。国や文明の壁を越え、異《こと》なる宗教や文化土壌《どじょう》の中に生きる人々をも、広く感動させてきたのだ。

わけても、名誉会長の写真の芸術的価値を証《しょう》して余《あま》りあるのは、各国を代表する芸術家や芸術研究者が、こぞってその作品群を称賛《しょうさん》している事実である。これも事例は数多いが、いくつかピックアップしてみよう。

ルネ・ユイグ氏といえば、ルーヴル美術館の絵画《かいが》部長、コレージュ・ド・フランスの教授などを歴任《れきにん》した世界的な美術史家《びじゅつしか》であり、池田名誉会長とは対談集『闇《やみ》は暁《あかつき》を求めて』を編《あ》んでいる。氏は、名誉会長の写真の芸術性を高く評価《ひょうか》していた一人であった。

一九八八年（昭和六十三年）五月、当時、ユイグ氏が館長をつとめていたパリのジャックマール・アンドレ美術館で、海外初となる「池田大作写真展」が開催《かいさい》された。その写真展は、ユイグ氏自《みずか》らが構成を担当したものであった。氏は、「展示《てんじ》の仕方《しかた》一つで作品の価値が変わる」と、名誉会長の作品をほかの誰にも触《ふ》らせず、深夜までかけて一人で展示作業をしていたという。

池田博正SGI副理事長が、随筆《ずいひつ》の中で写真展の思い出を次のように振り返っている。

「写真の選定《せんてい》から額装《がくそう》の仕方、展示の配列《はいれつ》にいたるまでユイグ氏自身が行《おこな》ったそうである。開会式の前日に美術館へごあいさつに伺《うかが》った時にも、自ら陣頭《じんとう》指揮で照明の角度や写真の配列に細《こま》かく指示を出していた。その姿から、父の写真の芸術性を最大限に引き出したいとの氏の熱《あつ》い思いを感じた」（『高校新報』二〇〇二年七月二十四日付）

ユイグ氏自身は、名誉会長の写真作品について次のような評言《ひょうげん》を遺《のこ》している。

海外初の「池田大作写真展」で自ら展示作業を行うルネ・ユイグ氏（1988年、フランス）　©聖教新聞社

「池田会長は詩人としても有名ですが、会長のポエムは口で詠《よ》まれた詩であり、写真は目で詠まれた詩であります」（『聖教新聞』一九九九年三月十四日付）

また、中国の芸術と学問に不滅の足跡《そくせき》を刻む饒宗頤《じょうそうい》氏（漢学者・書画家・詩人）や、現代中国を代表する女流画家・方召麐《ほうしょうりん》氏も、名誉会長の写真を讃嘆《さんたん》してやまなかった。

ともに画家である両氏は、それぞれ、名誉会長の写真にインスパイア（触発）された絵画《かいが》ものしている。とくに方召麐氏は、名誉会長の写真「モスクワの五月」（写真集『心の交響詩』中国語簡体字版所収）に強い感銘《かんめい》を受け、その写真をモチーフに何枚もの絵を描き遺している。

饒宗頤氏は、名誉会長との対談集『文化と芸術の旅路』（潮出版社）の中で、次のように述べている。

「池田先生の写真からは、無量《むりょう》の慈悲《じひ》の心、究極《きゅうきょく》の自由自在《じゆうじざい》の境涯《きょうがい》、万物《ばんぶつ》への博愛《はくあい》を感じてなりません。そして、カメラを通して民衆への慈愛《じあい》を表現しておられます」

卓越《たくえつ》した画家たちをそれほど感動させ、影響を与えること自体、名誉会長の写真がもつ高い芸術性の証左《しょうさ》といえよう。

ほかならぬ写真家たちからも、名誉会長の写真への賞讃《しょうさん》は引きも切らない。

ネパール写真家協会のR・K・マナンダール会長は、二〇〇五年、池田名誉会長に同協会の「終身《しゅうしん》名誉会員証」を授与《じゅよ》した際、あいさつの中で次のように讃《たた》えた。

「池田博士は、写真の世界で新しい分野を開拓《かいたく》されました。それは『写真文学』と言うことができるでしょう」（『聖教新聞』〇五年十一月二十九日付）

また、自らも世界的写真家であるシンガポール写真家協会のデイビッド・テイ会長は、名誉会長の写真について、「写真芸術を通して、環境《かんきょう》意識《いしき》を向上させ、詩的《してき》ビジョンと哲学をもって、自然写真に新《あら》たな視点《してん》を与えた」と評価。「その写真は『目』だけではなく、『魂《たましい》』にも訴《うった》えかけてきます」と賞讃している（『聖教新聞』九九年十月二十五日付）

日本では、日本写真家協会会長などをつとめた報道写真の大家《たいか》・三木淳《じゅん》氏が、名誉会長の写真を高く評価しつづけたことで知られる。三木氏は一九六〇年代から晩年までの長きにわたって名誉会長と親交《しんこう》をもった人物であり、一九六八年（昭和四十三年）には『写真　創価学会』という重厚《じゅうこう》な写真集も上梓《じょうし》している。

名誉会長の人となりも深く理解したうえで、三木氏はその写真作品について、〝てらいや気負《きお》いが感じられない、まったくの自然体で天衣無縫《てんいむほう》な写真〟と評していた。

『世界百名瀑《めいばく》』『世界百名山《めいざん》』などのシリーズ写真集で知られ、自然の荘厳《そうごん》な美しさを撮《と》りつづける世界的写真家・白川義員《しらかわよしかず》氏も、名誉会長の写真に深い共感を寄《よ》せる一人である。氏は、名誉会長の写真について、「非常に素直《すなお》で、自分が感じたものをパッと撮ってしまう。それが見る人に実《じつ》に快《こころよ》いものとなっている」（『グラフSGI』二〇〇三年一月号　聖教新聞社）との感想を述べたことがある。

文化の懸《か》け橋《はし》となる「自然との対話」写真展

「写真は世界中どこでも理解される唯一《ゆいいつ》の『言語《げんご》』であり、あらゆる国家と文化のかけ橋となって人類を結びつける」

——ドイツの写真史家ゲルンシャイムの言葉である（スーザン・ソンタグ著、近藤耕人訳『写

真論』晶文社刊）

池田名誉会長の写真は、まさにこの言葉どおり、国家と文化を結ぶ懸《か》け橋《はし》としての役割を果たしてきた。言葉の差異《さい》、文化の差異を超《こ》えて、写真の美しさとそこに込められたメッセージは〝世界共通語〟となって訴《うった》えかけるからである。

しかも、名誉会長が一貫《いっかん》して「自然との対話」を写真のテーマに掲《かか》げてきたことが、文化の懸け橋としての役割《やくわり》をさらに強めた。なぜなら、自然を愛する心は人類共通の普遍《ふへん》的なものだからだ。

社会生物学の世界では、「自然を愛する心は人間に遺伝《いでん》的に組み込まれている」とする説（「バイオフィリア仮説」）も提唱《ていしょう》されているほどである。

初の「自然との対話」写真展が日本で開催《かいさい》されたのは、一九八二年（昭和五十七年）。名誉会長が本格的に写真を撮り始めてから十年余がすぎてからのことだった。

以来《いらい》三十年近くを経《へ》て、「自然との対話」写真展はいまや世界中にその感動を広げている。同展は、現在までに三十八ヵ国・地域の百を超える都市で開催されてきたのである。国内外ともにいまも開催が重《かさ》ねられており、今後いっそうの広がりを見せていくだろう。

「世界桂冠《けいかん》詩人」である名誉会長が、ペンをカメラに持ち替《か》えて「目で詠《よ》んだ詩」たる、百花繚乱《ひゃっかりょうらん》の写真群。それは、これからも世界に希望と平和のメッセージを送りつづけるに違いない――。

視点11　民衆〝主役〟の創価の大文化運動

「創価の文化運動」は名誉会長の「手作《てづく》り」

「民衆の幸福と勝利のための雄大《ゆうだい》な文化建設をなしゆく、その使命《しめい》と実践《じっせん》の団体が創価学会である」

これは、一九七〇年（昭和四十五年）五月度本部総会での池田名誉会長（当時・会長）の発言だ。

文化運動の本格的推進《すいしん》――それこそが、池田会長時代の大きな特長《とくちょう》の一つである。いまでこそ、創価学会／SGIは世界的な「文化運動団体」でもあるが、戸田第二代会長時代まではそうした側面《そくめん》は希薄《きはく》だったのだ。名誉会長はのちに、文化運動推進に託《たく》した思いを、随筆《ずいひつ》の中で次のように振り返っている。

「私も『広宣流布《こうせんるふ》』という『布《ぬの》』を、文化の色彩《しきさい》で染《そ》めてきた。

昔、文化運動のないころの創価学会は、色で言えば灰色《はいいろ》だったかもしれない。そこにカラフルな色彩を付けたかったのである」（『聖教新聞』二〇〇三年十二月十四日付「色彩は生命の讃歌」）

学会の文化運動の起点《きてん》となったのが、戸田会長時代の一九五四年（昭和二十九年）という年だ。この年の五月には男子部の有志《ゆうし》が音楽隊を結成し、十一月には東京・世田谷の日大グラウンドで開かれた初の体育大会「世紀《せいき》の祭典《さいてん》」が開催された。その開催と音楽隊の結成を提案《ていあん》したのが、若き日の池田名誉会長であった。音楽隊は、そもそもは「世紀の祭典」のために急遽《きゅうきょ》結成されたものだったのだ。

当時の学会は、いわゆる「折伏《しゃくぶく》大行進」の真っ只中《まただなか》にあった。組織が弘教《ぐきょう》という一点に純化《じゅんか》されていた時代だったのである。ゆえに、青年部が開催を提案したとき、年長《ねんちょう》の幹部からなる理事室は難色《なんしょく》を示した。「忙《いそが》しい信心活動のなかにあって、宗教団体としてそのような企画が、はたして適当かどうか、またそれについやす相当な費用と労力《ろうりょく》が、価値的であるかどうか——が問題となった」（『人間革命』第八巻「明暗」）のだ。

平《ひら》たく言えば、「体育大会などやっても、弘教拡大の役には立たない」という感覚だったのだろう。音楽隊の結成を進言《しんげん》した際《さい》にも、年長の幹部たちは「音楽が広宣流布に何の関係があるのか」などと反対したという。

一人、戸田会長のみが、「大作がやるんだったら、やりたまえ」と、祭典開催と音楽隊結成を許可《きょか》した。だが、理事室の全員が開催に反対したこともあり、祭典の一切《いっさい》は、名誉会長の指揮《しき》のもと青年部が行《おこな》わなければならなかった。

音楽隊の結成にあたって、名誉会長は楽器《がっき》を買う費用などを自《みずか》ら工面《くめん》し、贈《おく》った。鼓笛《こてき》隊《たい》も同様である。一九五六年七月、わずか三十三人で鼓笛隊がスタートしたとき、名誉会長はファイフ（笛《ふえ》）十数本と米軍払《べいぐんはら》い下《さ》げの中古のドラム数台を買って贈った。メンバーは皆まったくの初心者《しょしんしゃ》であったという。

いまや多分野《たぶんや》にわたり世界的にくり広げられている「創価の文化運動」。その淵源《えんげん》は、若き日の池田名誉会長が、師匠《ししょう》の見守るなか、たった一人でゼロから生み育《はぐく》んできたものであったのだ。

弘教のみに的《まと》を絞《しぼ》って邁進《まいしん》する「建設の時代」のあとには、より多角的《たかくてき》に社会に根を張り、学会への共感層を広げるべき時代がくる。そのためにも、広範《こうはん》な文化運動が不可欠《ふかけつ》となる――そのことが、戸田会長と池田名誉会長にははっきりと見えていた。しかし、ほかの年長者《ねんちょうしゃ》たちには見えなかったのだろう。

池田会長時代に本格化《ほんかくか》した文化運動

一九六〇年（昭和三十五年）からの池田会長時代に入ると、「創価の文化運動」は一気に本格化し、百花繚乱《ひゃっかりょうらん》の趣《おもむき》をなして各分野に広がり始める。

たとえば、広範な文化運動を推進《すいしん》するために、関連団体として四つの財団法人が設立された。音楽・演劇分野では、日本最大の音楽文化団体である民音《みんおん》（民主音楽協会）。美術分野では、富士美術館（静岡）と東京富士美術館。学術《がくじゅつ》分野では東洋哲学研究所――。

いずれも池田名誉会長が創立者である四団体は、各分野の海外交流の窓口となる。また、公演・展覧会《てんらんかい》・シンポジウムなどを企画・開催し、それぞれの分野で大きな足跡《そくせき》を残してきた。

草創期の音楽隊がそうであったように、各団体が軌道《きどう》に乗り、高い評価《ひょうか》を得るまでには、名誉会長の多大な尽力《じんりょく》を必要とした。たとえば、民音設立に際しても、名誉会長の志《こころざし》に賛意《さんい》を表《あらわ》す人は当初皆無《かいむ》に等《ひと》しかったという。

だが、民音は一九六三年の創立以来、じつに百二ヵ国・地域に及ぶ国々と、音楽・舞踊・舞台芸術を中心とする文化交流プログラムを行ってきた。

民音の歴史は、数々の名公演に彩《いろど》られている。一九八〇、八一年には、オペラ界の至宝《しほう》

民音の招聘により実現したミラノ・スカラ座の来日公演（1981年）　©聖教新聞社

とされるウィーン国立歌劇場とミラノ・スカラ座を、民音が日本に招聘《しょうへい》。我が国初《はつ》の本格的公演を見事に成功させた。

池田名誉会長は、一九六五年にスカラ座を初訪問している。そのときから、「世界最高峰《さいこうほう》の舞台をぜひ日本へ招聘したい」との夢があったのだ。だが、当時の日本の文化・芸術関係者には、「学会や民音などに、スカラ座のような大舞台が呼べるわけがない」と、その夢に嘲笑《ちょうしょう》のまなざしを向ける者もあったという。当時、民音はまだ設立二年目で、名誉会長も三十七歳の若さ。夢物語に思われるのも無理はなかった。しかし、十六年後に夢は実現したのである。

名誉会長はのちに、次のように述懐《じゅっかい》している。

「スカラ座の招聘は、本来なら国家などのレベルで進めるのが相応《ふさわ》しいのかもしれない。ただ私は、音楽を愛する人間として、文化交流の道を開くことができれば、と熱望《ねつぼう》したのであり、この思いは今も変わっていない」（『池田大作全集』第百二十六巻所収）

この例が示すとおり、「創価の文化運動」は、池田名誉会長の世界的な行動、ひいてはSGIのグローバルな展開に呼応《こおう》して、しだいにそのスケールを広げていったのである。

その広がりと深化《しんか》は、各部門の発展からも見てとれる。

わずか十六人で出発した音楽隊、三十三人で出発した鼓笛隊《こてきたい》は、それぞれ全国で二万人の陣容にまで発展した。国際交流にも数多く参加。各種コンクールでの優勝・入賞も重《かさ》ね、実力の上でも日本有数との評価を得ている。また、音楽隊、鼓笛隊は日本のみならず海外各国のSGI組織でも結成されている。たとえば、鼓笛隊は二十六ヵ国・地域で活躍しているのだ。

また、各種文化祭は、やがて、各国SGIのメンバーが集《つど》う「世界青年平和文化祭」へと発展していった。一九九七年に香港《ホンコン》で行われた「第十六回世界青年平和文化祭」には、じつに世界百ヵ国の代表が集い、合唱・演奏・踊《おど》りなどを披露《ひろう》し合った。

それ以外にも、学会の文化運動は広範《こうはん》にくり広げられている。たとえば、全国各県と学会組織各部で数多くの合唱団が結成されているし、さまざまな文化活動に従事《じゅうじ》する会内の専門家を集めた「文化本部」各部が多角的な活動を展開している。平和・文化・教育に焦《しょう》点《てん》を当てた各種展示も、民衆啓発《けいはつ》のための草《くさ》の根《ね》の文化運動と言《い》える。

そのように多彩《たさい》でグローバルな「創価の文化運動」は、すべて池田名誉会長が手塩《てしお》にかけて育て上げてきたものなのである。

文化を民衆の手に取《と》り戻《もど》した名誉会長

学会が展開してきた文化運動にはさまざまな意義《いぎ》があるが、その一つとして、当の学会員たちに最高の文化の息吹《いぶき》を伝えてきた、という点は見逃《みのが》せない。

創価学会は庶民《しょみん》の団体である。ゆえに、会員たちがもしも学会に入会していなかったら、世界的美術に触れる機会も少なかったに違いない。また、「学会員になって初めて、民音《みんおん》を通じてクラシックのコンサートや舞踊《ぶよう》公演に行った」という人もいるだろう。

日本最大の民衆団体である学会の文化運動には、芸術を一部のエリート・特権《とっけん》階級だけのものにとどめず、広く庶民の手に開放《かいほう》するという意義もあるのだ。

本来、芸術はエリート・特権階級だけのものではなく、すべての人間のものであったはずだ。それを民衆の手に取り戻したのが、池田名誉会長であったといえる。

象徴的《しょうちょうてき》なエピソードがある。一九九二年(平成四年)、東京富士美術館は中国・北京で「西洋絵画名作展」を開催した。モネ、ルノアールなど、富士美術館が所蔵《しょぞう》する西洋名画の数々が、このとき初めて中国に渡った。

「世界を語る美術館」をモットーとする同美術館は、各国との活発《かっぱつ》な文化交流を特色《とくしょく》としており、海外での展覧会《てんらんかい》もさかんに行《おこな》ってきた。だが、中国での展覧会開催には、「中国に高価《こうか》な美術品を運《はこ》び込《こ》むのは危険だ」という反対の声が多かったのだ。それが実現に至《いた》った契機《けいき》は、池田名誉会長の「芸術作品は、それを見たい人のものではないか」との一言にあったという。

中国初の本格的な西洋絵画展は、大反響を呼んだ。

中国芸術研究学院の教授は、名作群《ぐん》を前にして、「このような展覧会が北京で開催されたことは、奇跡的《きせきてき》なことです」と興奮《こうふん》ぎみに語った。広大《こうだい》な中国全土から美術学生や美術愛好家《あいこうか》らが、何十時間も汽車に揺《ゆ》られて北京を目指した。中国の西端・新疆《しんきょう》ウイグル自治《じち》区の学生グループは、片道《かたみち》四日を費《つい》やして駆《か》けつけてきた。

そのように、「西洋絵画名作展」はさまざまなエピソードを生み、大盛況《だいせいきょう》のうちに幕《まく》を閉じた。日中の文化交流史に大きな足跡《そくせき》を残したといってよいであろう。

「民衆に親《した》しまれ、愛されてこそ、文化・芸術も意味をもつといえる。民衆のいない文化・

芸術は、結局は空虚《くうきょ》な抜《ぬ》け殻《がら》でしかない」（『新・人間革命』第七巻「文化の華」）

――このような名誉会長の文化観・芸術観をまさに体現《たいげん》する形で、創価学会／ＳＧＩの文化運動は世界に広がっているのだ。

文化こそが「平和の礎《いしずえ》」

戦後の焼《や》け野原《のはら》に立った十九歳の池田名誉会長は、「文化国家を作るしかない。戦争の悲劇《ひげき》から精神的に立ち上がるには、文化しかない。それが平和への道」と心に決めたという。「創価の文化運動」も、一重《いちじゅう》立ち入って考えるならば、平和な世界を築《きず》くために池田名誉会長が打った一手《いって》であるといえる。

文化と平和は不離《ふり》であり、文化の興隆《こうりゅう》なくして平和もない。『新・人間革命』第七巻「文化の華」の章に、名誉会長は次のように記している。

「戦争の本質は、暴力、野蛮《やばん》であり、その対極《たいきょく》にあるものが文化である。（中略）そして、文化は、その民族や国家を理解する、最《もっと》も有効《ゆうこう》な手がかりとなる。

また、文化は固有性《こゆうせい》とともに共感性《きょうかんせい》をもち、民族、国家、イデオロギーの壁《かべ》を越えて、人間と人間の心を結ぶ〝磁石《じしゃく》〟の働きをもっている」

一九六〇年代の米国で、キング博士率《ひき》いる公民権運動に加《くわ》わった人々の心を一つに結んだのは、集会の場などでさかんに歌われた「ウィ・シャル・オーバーカム」だった。第二次大戦中には、「リリー・マルレーン」という一つの歌が、敵・味方に分かれたドイツ兵とイギリス兵の間で、ともに流行した。歌が人々の心を結んだのだ。「文化の力」の一例である。

平和の礎となる「文化の力」――それを、ＳＧＩの運動にさまざまな角度《かくど》からみなぎらせ、世界を「文化の懸《か》け橋《はし》」で結んできたのが、池田名誉会長なのである。

<北 / 南アメリカ> 21ヵ国

- アメリカ
- アルゼンチン
- ウルグアイ
- エクアドル
- カナダ
- キューバ
- コロンビア
- チリ
- ドミニカ共和国
- トリニダード・トバゴ
- パナマ
- パラグアイ
- ハイチ
- ブラジル
- ベネズエラ
- ペルー
- ボリビア
- メキシコ
- ホンジュラス
- コスタリカ
- グアテマラ

<ヨーロッパ> 39ヵ国

- イギリス
- イタリア
- ウクライナ
- ウズベキスタン
- エストニア
- オーストリア
- オランダ
- カザフスタン
- ギリシャ
- キルギス
- グルジア
- クロアチア
- スイス
- スウェーデン
- スペイン
- スロバキア
- スロベニア
- タジキスタン
- チェコ
- デンマーク
- ドイツ
- トルクメニスタン
- ノルウェー
- ハンガリー
- フィンランド
- フランス
- ブルガリア
- ベラルーシ
- ベルギー
- ポーランド
- ポルトガル
- モルドバ
- ラトビア
- リトアニア
- ルーマニア
- ロシア
- アイスランド
- アイルランド
- アゼルバイジャン

民主音楽協会

世界102ヵ国に架ける文化の橋

（音楽・芸術団体を招聘した国々）

＜アジア / オセアニア＞ 30ヵ国・地域

・アフガニスタン　・イスラエル　・イラク　・イラン
・インド　・インドネシア　・オーストラリア　・韓国
・カンボジア　・シリア　・シンガポール　・スリランカ
・タイ　・台湾　・中国　・トルコ
・トンガ　・ニュージーランド　・ネパール　・パキスタン
・バングラデシュ　・フィリピン　・ブルネイ　・ベトナム
・マレーシア　・ミャンマー　・モンゴル　・ラオス
・レバノン　・ヨルダン

＜アフリカ＞ 12ヵ国

・南アフリカ　・モロッコ　・エジプト
・セネガル　・ギニア　・エチオピア
・ナイジェリア　・ガーナ　・ケニア
・タンザニア　・ザンビア　・マダガスカル

PART
IV
人を育む

創価大学で合同で行われた第８回滝山祭・第12回創価学園栄光祭。
学園生の輪に入り激励する池田名誉会長（1979年７月、東京）

© 聖教新聞社

視点12　「励《はげ》まし」は人を幸福にする芸術

悲《かな》しみに沈《しず》む友の心に、勇気を吹《ふ》き込む

『聖教新聞』には、全国の創価学会員、全世界のＳＧＩメンバーのさまざまな信仰体験が、日々掲載《けいさい》される。病魔《びょうま》との闘《たたか》い、経済苦との闘い、家庭不和《ふわ》との闘いなど、個々の会員が乗り越えてきた人生の波浪《はろう》は十人十色《じゅうにんといろ》だ。

しかし、それらの体験談には大きな共通項《きょうつうこう》がある。それは、池田名誉会長からの直接・間接の励《はげ》ましが、その人を鼓舞《こぶ》し、蘇生《そせい》の原動力《げんどうりょく》となったという一点である。

私自身、過去十数年来、さまざまな形で池田名誉会長と縁を結んだ人々を取材する機会があった。その人々が一様《いちよう》に熱く語るのは、「つらかったとき、池田先生からいただいた渾身《こんしん》の激励《げきれい》に、どれほど勇気づけられたか」ということであった。

そうした取材を重《かさ》ねるにつれ、私は「池田名誉会長は『励ましの達人《たつじん》』だ」との思いを深くした。名誉会長ほどたくさんの人を励まし、蘇生させてきた人は、世界中を見渡して

もほかにいない。「励まし」こそ、名誉会長のこれまでの歩みをつらぬく主調音《しゅちょうおん》なのである。

名誉会長と世界中の弟子たちとの「師弟《してい》の絆《きずな》」とは、具体的にはどういうものか？　この問いには、むろんさまざまな答え方があり得る。が、一つの答えとして、「『励ましの記《き》憶《おく》』が絆となっている」ということができよう。

弟子が人生の壁《かべ》に直面し、苦悩の闇《やみ》に沈《しず》んでいるとき、師の激励によって闇から引き上げられ、蘇生を果たす――そのプロセスが、弟子にとっては折《おり》に触《ふ》れ立ち戻る「原点」となる。その「原点」をもつことこそ、「師弟の絆」の一つの源《みなもと》なのである。

いま最《もっと》も苦しんでいる人、悲しみに打ちひしがれている人にこそ、いち早く渾身の激励を送る。名誉会長のそうした姿勢は、若き日からいまに至《いた》るまで寸毫《すんごう》も変わらない。そうした励ましのエピソードは、枚挙《まいきょ》にいとまがない。

ここではまず、一九六一年（昭和三十六年）九月に近畿《きんき》を直撃した「第二室戸《むろと》台風」に際し、名誉会長（当時・会長）が被災《ひさい》地入りして行った激励行《げきれいこう》の一コマを紹介しよう。

そのとき、名誉会長は被災した会員宅を訪ねては、「ご家族に、けが人や病人はいませんか。信心第一に立ち上がり、必ず変毒為薬《へんどくいやく》（仏典にある言葉。「毒を変じて薬と為す」）してください」と激励の言葉をかけていった。長靴姿で、水害で泥《どろ》に埋《う》もれた道をかき分け、会員一人ひとりと固《かた》く握手《あくしゅ》。ヘドロの悪臭《あくしゅう》が鼻をつこうが、相手の服が汚れていようが、気にもとめなかった。

その様子を、近所の町医者が窓越《まどご》しに見ていた。日頃《ひごろ》、学会に対してよい印象をもっていない医師であった。だが、トップが泥《どろ》まみれになって会員を励ます姿を目《ま》の当たりにして、彼の偏見《へんけん》は消え去った。

名誉会長は、化学工場が水に浸《つ》かり、まだ危険が残っていた被災地にも、迷《まよ》わず激励に向かった。そして、その日の午後には不当《ふとう》な冤罪《えんざい》事件である「大阪事件」の公判に臨んだ。着替える時間すらなく、袖口《そでぐち》に泥がはねたシャツのまま法廷《ほうてい》に立ったという（『聖教新聞』二〇〇八年十月八日付「あの日あの時Ⅲ」による）。

もう一つ、北海道南西沖地震（一九九三年七月）による津波《つなみ》で夫人と二歳の二女を失った漁師《りょうし》のメンバーに贈られた励《はげ》ましを紹介しよう。

そのメンバーは、家族を奪《うば》った海で仕事をするつらさから、一時期漁師をやめた。陸に上がり、慣《な》れない仕事に悪戦苦闘《あくせんくとう》する日々がつづいた。その彼に再び海に戻る勇気を与えたのは、池田名誉会長から贈《おく》られた一枚の色紙《しきし》だった。そこには、次のように記されていたという。

「お父さんがんばれ　美奈《みな》ちゃん（長女）がんばれ　お母ちゃんも　ゆかちゃん（二女）も　お父さんと美奈ちゃんの　胸の中に笑顔でいきている」

「励まし」は英語で「エンカレッジ（encourage）」という。これには「カレッジ（勇気）を入れる」という意味がある。励ましとは、「心に勇気を吹き込《ふこ》む」ことなのである。池田名誉会長はまさに、悲しみに沈《しず》む友の心に勇気を吹き込み、蘇生《そせい》させつづけてきた。そのような「励ましの絆《きずな》」で結ばれた弟子たちが、いまや世界中にいるのだ。

すべての行動が「励まし」の一点に集約《しゅうやく》

直接かける激励の言葉や、特定《とくてい》の一人に向けたエールだけではない。池田名誉会長が日々綴《つづ》る詩歌《しいか》や随筆は、煎《せん》じつめればすべて「励まし」である。詩歌や随筆にかぎらない。折々《おりおり》のスピーチや写真・小説・あらゆる伝言・メッセージ・揮毫《きごう》……それらすべてが、宿《しゅく》命《めい》に泣く友に勇気と希望を与え、困難に立ち向かう人々の背中を押す、渾身《こんしん》の「励まし」なのである。

名誉会長が全国の中学生・高校生の悩みに答えた『希望対話』『青春対話』が、どれほど多くの少年少女に勇気を与えたか、計り知れない。一九八一年（昭和五十六年）に綴られた長編詩「青年よ　二十一世紀の広布の山を登れ」は、四半《しはん》世紀を経《へ》て、いまなお青年たちの心を鼓舞《こぶ》している。

最近も、こんな蘇生《そせい》のドラマが生まれた。

サッカーJリーグの「大分トリニータ」でコーチをつとめる柳田伸明《やなぎだのぶあき》氏は、二〇〇〇年にコーチに就任したが、チームは一九九九年から三年連続でJ1昇格を逃してしまう。落胆《らくたん》する氏を、男子部の先輩が「原点に立ち返るんだ！」と励ました。柳田氏は、「青年よ二十一世紀の広布の山を登れ」を読み返した。この長編詩《ちょうへんし》はもともと、大分の地で作られたもの。九州の友が、壁《かべ》にぶつかるたびに立ち返る「原点《げんてん》」なのだ。詩の中から響《ひび》き渡る師の「励まし」に鼓舞《こぶ》された柳田氏は、気持ちを切り替え困難に挑んだ。

そして二〇〇二年、「大分トリニータ」は悲願《ひがん》のJ1昇格《しょうかく》を遂《と》げ、二〇〇八年にはついに「ナビスコカップ」で優勝を果《は》たした。九州のチームがJリーグの主要タイトルを獲得するのは、初めてのこと。その背景には、名誉会長の「励まし」に鼓舞された一人のコーチの激闘があったのだった。彼は、今も「原点」を胸に挑戦をし続けている。

大分といえば、第一次宗門事件の激震地《げきしんち》であり、学会員が悪侶《あくりょ》たちの暴虐《ぼうぎゃく》に最も苦しんだ地である。大分の組織がその痛手から蘇生《そせい》した契機《けいき》も、池田名誉会長がさまざまな形で行なった励ましにあった。

たとえば、会長を辞任した一九七九年の暮れ、池田名誉会長は「悲しく、つらい思いの大分に、何かできないか」との思いから、二百軒《けん》以上にのぼる支部長・婦人部長宅に、自ら筆《ふで》をとり年賀状を書いた。名誉会長が直接大分を訪問することすら思うにまかせなかった当時、そのかわりに年賀状を通じて激励《げきれい》を送ったのだ。八〇年の元日《がんじつ》に届けられた名誉会長からの年賀状は、つらい年を送った大分の友にとって、初日の出のごとき希望の光となったのである。

創価学会・SGIの発展につれ、名誉会長がすべてのメンバーに直接会って激励を送ることは、物理的には困難《こんなん》となった。しかし、いまも名誉会長の行動は「励まし」の一点に集約《しゅうやく》されている。文章・スピーチ・伝言などからその励ましに鼓舞《こぶ》された会員たちが、それぞれの立場で、数え切れないほどの蘇生《そせい》のドラマを日々創《つく》っているのである。

世界的識者《しきしゃ》・指導者の魂《たましい》をも揺《ゆ》さぶる「励まし」

池田名誉会長が励ましてきたのは、学会員だけではない。友誼《ゆうぎ》を結《むす》んだ世界各国の識《しき》者《しゃ》・指導者・文化人に対しても、その人々が人生の壁《かべ》、苦難《くなん》に直面《ちょくめん》したとき、間髪《かんぱつ》入《い》れずに激励を送ってきたのだ。たとえば――。

「アルゼンチン・タンゴの帝王《ていおう》」マリアーノ・モーレス（作曲家・演奏家）氏は、一九八四年、池田名誉会長が創立者である民音の招聘《しょうへい》で、初来日公演を行《おこな》った。だが、そのとき氏の愛息はがんで死の床《とこ》にあり、三十八歳の若さで世を去った。

四年後の八八年、二度目の来日公演を行ったモーレス氏と、名誉会長は聖教新聞社で会見した。歓迎《かんげい》のロビーには、氏が作曲し、歌手であった愛息《あいそく》が歌った名曲「さらば草原よ」が流された。語らいは、おのずと亡《な》き愛息をめぐるものとなった。

名誉会長は言った。

「息子さんはいまも、お父さん、お母さんのそばにおられますよ。ご家族を見守り、支えておられます。生命は永遠です。永遠の父子《ふし》です。寂《さび》しいようであっても、生命の次元《じげん》ではけっして寂しくないのです」

そして、亡きご子息《しそく》のために桜の木を記念植樹《しょくじゅ》したいと提案したのだった。渾身《こんしん》の激励に、トーレス夫妻の頬《ほほ》はみるみる紅潮《こうちょう》していったという。（『聖教新聞』二〇〇六年十二月三日付「世界との語らい」による）

一九九一年、ミハイル・ゴルバチョフ氏がクーデターでソ連大統領の座《ざ》を追われたときにも、名誉会長はすぐさま長文の激励の手紙をゴルバチョフ氏に送った。そこには、「あなたの人生の本舞台《ほんぶたい》はこれからです」との一節《いっせつ》があったという。

世界中が「ゴルバチョフの役割は終わった」と感じたであろう、まさにその日、名誉会長はあえてそう励ましたのである。ゴルバチョフ氏にとって、その激励《げきれい》はどれほど深く心

アルゼンチンタンゴの巨匠マリアーノ・モーレス氏と会見（1988年、東京）
© 聖教新聞社

にしみたことだろう。

池田名誉会長がつづけてきた、優《ゆう》に七千人を超《こ》えるという各国の識者・指導者との対話。それらを支える「対話力《たいわりょく》」の源《みなもと》もまた、「励ましの力」なのだと思う。真の「対話力」は、その対話でどれだけ相手を鼓舞《こぶ》できるかによってこそ測《はか》られる。名誉会長は、対話相手を励ます達人《たつじん》でもあるのだ。

「悪と闘《たたか》う勇気」に裏打《うらう》ちされた「励ましの力」

そして、一重《いちじゅう》立ち入って考えるならば、池田名誉会長がくり広げてきたさまざまな闘《たたか》いもまた、「励まし」としての側面《そくめん》をもつと言えまいか。

たとえば、供養《くよう》をむさぼる宗門の悪侶《あくりょ》と闘い、日蓮仏法を「衣《ころも》の権威《けんい》」から解《と》き放《はな》った、「平成の宗教改革《かいかく》」。それは、長年宗門の暴虐《ぼうぎゃく》に泣かされてきた学会員にとっては、無上《むじょう》の「励まし」でもあったのだ。

池田名誉会長の「励ましの力」は、たんなる同情心《どうじょうしん》に基《もと》づくものではない。それは「悪と闘う勇気」に裏打《うらう》ちされた「力強いやさしさ」であり、「慰撫《いぶ》」ではなく「鼓舞《こぶ》」なのである。もとより、勇気なき者に他者を勇気づけることなどできようはずもない。悪と闘う勇気みなぎる人だからこそ、生命の奥底から人を励ますこともできるのだ。

名誉会長はかつて、「励ましこそ、人を幸福にする芸術である」と語った（『聖教新聞』二〇〇四年八月十五日付「関東会・東京会合同研修会でのスピーチ」）。また、「創価学会が、ここまで広宣流布できたのも、『励まし』に徹《てっ》してきたからです」（『法華経の智慧』）とも……。

「芸術」といっても、励ましに特別な技術はいらない。相手を元気にしたい、勇気づけたいという真剣な思いさえあればよい。だが、人と人の絆《きずな》が急速に希薄《きはく》になりつつある日本社会にあっては、その「励ましの力」が著《いちじる》しく減退《げんたい》しているようだ。

「励ましの達人《たつじん》」たる池田名誉会長に率《ひき》いられた創価学会が、「励ましの団体」として厳然《げんぜん》と社会に根《ね》を張《は》っていることの意義《いぎ》は、限りなく大きいのである。

視点13 教育――「魂《たましい》に光をともす」聖業《せいぎょう》

「教育こそ、私の最大の仕事」

池田名誉会長の「教育者」としての側面《そくめん》に注目せずして、その思想と行動を論ずることはできない。そのことは、名誉会長自身が教育についての姿勢を表明《ひょうめい》した折々の言葉からもわかる。

「私のこれからの最大の仕事も教育である」（一九七三年、創価大学第三回入学式での講演より）

「教育こそ、我が人生総仕上げの事業である」（一九九二年の北京大学での講演より）

同主旨《しゅし》の発言は、ほかにも多い。いかに教育を重視《じゅうし》してきたかが、これらの言葉からも見てとれよう。

もちろん、名誉会長は職業的な教師として生計《せいけい》を立てたことはない。ここでは、「教育者」という語《ご》をもっと広い意味で用《もち》いている。

①創価学会・ＳＧＩの最高指導者としてあまたの人々を教え育ててきたこと

②創価学園・創価大学などの教育機関を次々と創立してきたこと
③著作《ちょさく》・提言《ていげん》等を通じて披瀝《ひれき》された独自の教育思想が大きな影響《えいきょう》を与えてきたこと

――以上の三点をふまえて、「教育者」と呼ぶのである。

三つのうち、②について一言《ひとこと》つけくわえておこう。創価大学・創価学園等においては、創立者の存在は他の教育機関よりもはるかに大きい。そこに学ぶ者、そこで教える者の大半が、折々に学んだ創立者の精神を最大の拠《よ》り所としているのだ。池田名誉会長を創立者と仰《あお》ぐ教育機関は、国内外十五におよぶ。そこには、名誉会長の教育思想がいきいきと流れ通っているのである。

ただし、その教育思想は一宗一派に偏《へん》したものではない。教育事業の出発点――創価学園の開校に寄せた名誉会長の次の言葉が、そのことを如実《にょじつ》に示している。

「いうまでもなく、創価学園は創価学会のために設立したのではない。われらの願いは、妙法の大地を根底に、崩《くず》れざる人類の繁栄《はんえい》と豊かな人間主義の文化の花を咲かせることである。……事実、創価学園においては、宗教教育は行わないし、生徒のなかには、学会員以外の子弟《してい》も含まれている。創価学園は、あくまでも日本の未来を担《にな》い、世界の文化に貢《こう》献《けん》する、有為《ゆうい》の人材を輩出《はいしゅつ》することを理想とするものであり、それ以外の何ものもないことを断言《だんげん》しておきたい」（「創価学園の入学式を祝う」『池田大作全集』第五十六巻所収）

この言葉は、創価学園のみならず、教育事業すべてに対する名誉会長の姿勢の表明でもあろう。

学ぶ側《がわ》の可能性《かのうせい》を信じ抜く

「教育者」としての池田名誉会長を特長《とくちょう》づける第一のポイントとして、学ぶ側《がわ》の可能性《かのうせい》を徹《てっ》して信じ抜く姿勢が挙《あ》げられよう。

創価高校黎明《れいめい》期の、象徴《しょうちょう》的なエピソードがある。

二学期の期末《きまつ》試験も終わった十二月のある日、名誉会長は、成績不振《ふしん》で二年への進級すら危《あや》ぶまれる一年生約三十人を創立者室に招《まね》いた。「成績不振者を集めた」と伝えたわけではないが、集まった顔ぶれを見れば当人たちには一目瞭然《いちもくりょうぜん》であった。「成績のことで叱《しか》られるのではないか」と不安顔だった彼らは、名誉会長から一人ひとりあたたかい激励を受け、一様に晴れ晴れとした顔で教室に戻った。

彼らのうちの一人は、その激励を機に勉学に励み、のちに大学教授となった。

この種の逸話《いつわ》はこれだけにとどまらない。たとえば、現在「国際経営コンサルタント」として華々《はなばな》しく活躍するある卒業生は、創価学園時代には学年最下位に近い成績だったという。しかし、ある日、創立者から受けたただ一言の激励によって一念発起《いちねんほっき》し、創価大学に進んでからは逆に成績優秀者となった。

これらのエピソードが示すとおり、優等生だから重んじ、成績不振者だから軽んずるなどという姿勢は、名誉会長には微塵《みじん》もない。それは一つには、名誉会長が仏法者であるからこそではないか。万人《ばんにん》に等しく成仏《じょうぶつ》の可能性を見出す日蓮仏法は、「誰《だれ》もが変われる」という蘇生《そせい》と変革《へんかく》の思想でもある。〝いま置かれている状況がどうあれ、誰もが蘇生し、変わることができる〟という深い確信。それがあればこそ、池田先生は誰に対しても分け隔《へだ》てなく期待を寄せ、渾身《こんしん》の激励を送るのだ。

「ダイヤモンドはね、たとえゴミ箱に捨《す》てられていてもダイヤモンドなんだ。キラキラ輝いているから、見る人が見ればすぐにわかる」

これは、草創期のある創価大生が、就職が決まらず苦闘《くとう》していた時期に池田名誉会長と偶然《ぐうぜん》出会った際、かけられたという激励の言葉である。彼はこの激励を胸に就職活動に励み、いまは日本を代表する総合建設会社の要職《ようしょく》にある。

「誰もが磨《みが》かざるダイヤモンド」――池田名誉会長のそんな熱い期待を感じ取った弟子たちが、社会という舞台で自らを変革しゆくドラマを展開するのである。

「なんのため」という使命感《しめいかん》に火をつける

池田名誉会長の教育観を端的《たんてき》に示した、「教育とは、魂《たましい》に光をともすことである」との名言がある。では、「魂に光をともす」とは、具体的にいえばどういうことか？　私は、「『なんのため』という使命に目覚《めざ》めさせること」と解釈してみたい。

たとえば、創価小学校の第一回卒業式で池田先生が語った、「平和の二字だけは生涯《しょうがい》忘れてはならない」とのメッセージを深く心に刻み、のちに平和に寄与する仕事に就《つ》いた卒業生がいた。また、中国から創価大への留学生に対し、池田先生が我が子のようにあたたかく接する姿に感動し、「自分も将来は日中友好に役立つ人材に」と決意し、それを実現した人がいた。各界で活躍する一人ひとりが、そのように「使命《しめい》に目覚《めざ》めた原点」をもっているのだ。

ここでいう「使命」とは、言いかえれば私利私欲《しりしよく》を超えた「大義《たいぎ》」である。ちっぽけな自分から「大義」に意識を向けたとき、人は大きく変わる。やはり池田名誉会長の言葉に「使命を自覚した時、才能《さいのう》の芽《め》は急速《きゅうそく》に伸びる」とあるとおり、周囲の誰もが、ひいては自分自身さえ思いもよらないほどの力を発揮《はっき》するのだ。

創価大学の「建学の精神」には「人類の平和を守るフォートレス（要塞《ようさい》）たれ」との一条があり、創価学園の校歌（当初は寮歌）には「英知《えいち》を磨《みが》くは何のため」との一節がある。また、関西創価学園の開校にあたっての池田先生のメッセージは、「他人の不幸のうえに自分の幸福を築くことはしない」というものであった。

それらはみな、同じことを別の言葉で表現しているともいえる。すなわち、私利私欲にとらわれて生きるのではなく、他者に尽くし、人類のために尽くす大義に生きること——その大切さを徹して教えてきたのが、池田名誉会長なのだ。そして、師によって使命感に〝点火《てんか》〟された瞬間から、弟子たちの変革と成長のドラマが始まるのである。

師のふるまい自体が教育

私はこれまで、創価大学や創価学園の卒業生も数多く取材してきた。その中には、さまざまな職業の方がいた。そして、どんな職業の人も口を揃《そろ》えて言うのは、「池田先生の行動が、自分の仕事においても最高のお手本となった」ということだった。

ある人は言った。

「仕事で何か困難にぶつかったとき、『こんなとき、池田先生だったらどうなさるだろうか？』とよく考えます。これまで自分が学んできた、先生の言動やふるまい。その中に、困難を乗り越えるための答えがあるんです。先生をお手本に仕事をしていけば、けっして道を誤《あやま》らない。そんな確信が私にはあります」

途上国の開発コンサルティングに携《たずさ》わる人や、海外で日本語教師をつとめてきた人は、「文化の壁《かべ》」に直面して悩んだとき、やはり池田先生の行動を手本としてそれを乗り越えたという。その一人は、私に次のように語ったものだ。

「池田先生ほど、国や文化の異なる人とたくさん対話をしてこられた方はいません。先生は、相手がどんな立場の人であれ自然体《しぜんたい》で接してこられたし、相手の国の文化につねに敬《けい》意《い》を払《はら》われます。私のように『毎日が異文化交流』の仕事に就《つ》いている者にとっては、先生のそうしたお姿こそが最高の手本なのです」

池田名誉会長は、さまざまな分野で活躍する創価教育の卒業者にとって共通の「ロールモデル」（行動の規範《きはん》となる存在）でもあるのだ。そのことが、「教育者としての池田名誉会長」を特長《とくちょう》づけるもう一つのポイントである。一つの職業のロールモデルとなり得る人なら、世にあまたいるだろう。だが、あらゆる分野の人が共通してロールモデルとする人、生き方そのものが普遍的《ふへんてき》な手本となる人は、きわめて稀《まれ》である。池田名誉会長が卓越《たくえつ》した教育者である理由の一つは、その稀有《けう》な存在であることなのだ。

社会に輝く創価大学生の広がり

＜創価大学 資格試験累計合格者数＞

・司法試験 合格者……………………186名
・公認会計士 合格者…………………186名
・税理士試験 合格者…………………143名
・国家公務員Ⅰ種試験 合格者…………34名
・地方公務員試験 合格者………約1,500名
・教員採用試験 合格者…………約5,700名

(2009年現在)

創価大学。正門の門標は〈創価教育の父〉牧口初代会長の筆である　©聖教新聞社

視点14 「人材の城」を築き上げた〝育成力《いくせいりょく》〟

はるか未来を見据《みす》え、青年を育成

「学会は、人材をもって城となすのだ。断じて、人材の城を築くのだ！」

一九五四年（昭和二十九年）四月二十五日、杜《もり》の都《みやこ》・仙台を一望する青葉城《あおばじょう》址《し》で、戸田第二代会長が若き日の池田名誉会長（当時・青年部の室長）に語った言葉である。

苔《こけ》むした石垣《いしがき》に立ち、戸田会長は〝どんなに立派な城をつくっても、何百年もすぎてしまえば、このように荒城《こうじょう》となってしまう。永遠《えいえん》に崩《くず》れぬ人材の城をつくることこそ大事なのだ〟と教えたのだった。（『池田大作全集』第百十九巻所収）

そのとき池田名誉会長は、「私は、壮大《そうだい》な師子《しし》の大城《だいじょう》を必ず築いてみせる！」と心中深く誓願《せいがん》を立てたという。（『聖教新聞』二〇〇四年四月十三日付「随筆　人間世紀の光」）

爾来《じらい》、半世紀余――。名誉会長は見事にその誓願を果たした。創価学会・ＳＧＩに築き上げた「人材の城」は、ひとえに名誉会長が育て上げたものといってよいのだ。そのことは、国内外の識者たちも認めている。

たとえば、創価大学への留学経験をもつロシア大使館のミハイル・ガルージン公使は、自らの見聞をふまえて次のように語っている。

「池田先生は、日露《にちろ》関係に多大な貢献をされ、二〇〇四年十月には、ロシア政府から、首相が署名した『感謝状』が贈られています。

創価大学で学んだ日本の、またロシアの青年が現在、日露関係のさまざまな分野で活躍しています。その人材を育てられたのは、事実上、池田先生です。『人材育成』こそが、池田先生の日露関係への最大の貢献であると私は思います」（『聖教新聞』二〇〇七年十二月二十五日付。創価大学で行われたフォーラムでの発言より）

日中関係史にくわしいジャーナリストの西園寺《さいおんじ》一晃《かずてる》氏から、象徴的《しょうちょうてき》なエピソードをうかがったことがある。一九七四年（昭和四十九年）五月の名誉会長（当時・会長）の最初の訪中時、中国に滞在していた西園寺氏は、名誉会長と懇談《こんだん》の機会をもった。その際の出来事である。

「その席で、私は名誉会長に、『いまの日中関係の最大のテーマはなんだとお考えですか？』とお尋ねしました。七四年当時、国交正常化に続く日中間の最大の課題は、暗礁《あんしょう》に乗り上げていた日中平和友好条約の締結《ていけつ》でした。ですから、『もちろん平和友好条約の締結です』

という答えを私は予想《よそう》していました。

ところが、名誉会長は即座《そくざ》に『両国の将来のために、いま一番大事なのは青年交流です。それには言葉が大切です。日本には中国語を学ぶ若者があまりに少ない』とお答えになったのです。これにはちょっと驚《おどろ》きました。そして、当面のことだけでなく、両国の遠い未来まで視野に入れておられる名誉会長の姿勢に、深い感銘を覚えたものです」(『パンプキン』一九九九年十一月号のインタビューより)

はるか未来を見据え、青年たちを育成すること——それこそ、名誉会長がつねに心の中心に置いてきた大テーマなのだろう。

池田名誉会長が、半世紀以上にわたって営々《えいえい》とつづけてきた人材育成。そこにはどのような特長・卓越性《たくえつせい》があるのだろうか？　以下、そのことを考えてみたい。

希望と自信を与える、実践の中の訓練

名誉会長は、「随筆《ずいひつ》　人間世紀の光」の一編「3・16に弟子は立つ」(『聖教新聞』二〇〇七年三月十六日付)で、戸田会長から学んだ「人材育成の要諦《ようてい》」として①訓練＝トレーニング、②擁護《ようご》＝サポート、③指導＝ガイダンス、④教授＝ティーチングの四点を挙げ、

イギリスの大自然の中、未来を見据えＳＧＩの青年メンバーを激励する池田名誉会長（1989年5月）　©聖教新聞社

次のようにくわえている。

「学会精神を体得《たいとく》させるためには、実践《じっせん》の中で『訓練』していくことだ。

疲れている時などは温《あたた》かく『擁護』して、希望と自信を与えることだ。

問題があれば、行き詰《づ》まらないように、正しい方向を示《しめ》して『指導』することだ。

理解できていない事柄《ことがら》は、丁寧《ていねい》に基本を『教授』する。

当然、その人の個性や状況で力点《りきてん》は変わるだろう。いずれにしても、薫陶《くんとう》なくして人材は成長しないのだ」

名誉会長がつづけてきた人材育成も、この四つの要諦《ようてい》を余《あま》さずふまえたものといえる。たとえば、一点目の〝実践の中の訓練〟ということについて見てみよう。

名誉会長自身もまた、師である戸田会長によって育成された人材にほかならない。そして、戸田会長が若き日の名誉会長に対して行った人材育成の要《かなめ》は、激戦《げきせん》の最前線に送り出し、〝闘《たたか》うことを通じて闘い方を学ばせる〟やり方にあった。初陣《ういじん》となった東京・蒲田《かまた》での弘教《ぐきょう》の闘い（一九五二年）しかり、「大阪闘争」（一九五六年）しかり……。名誉会長はまさに「実践のなかで『訓練』」され、師の期待に見事こたえて成長していったのだ。

「百度の練習より一度の実戦」といわれる。机上《きじょう》の学び、畳水練《たたみすいれん》をくり返すより、実戦の真《ま》っ只中《ただなか》に身を置いてこそ、人は急速《きゅうそく》に成長する。そのことを知り抜いた名誉会長の人材育成もまた、〝大きな期待をかける人こそ、激戦地や大きな真剣勝負《しんけんしょうぶ》の場に送り出すこと〟を基本としている。

象徴的《しょうちょうてき》な事例を挙げよう。

一九七八年（昭和五十三年）秋の第四次訪中に際して、名誉会長は北京語の通訳として、当時まだ大学院生であった洲崎周一《すざきしゅういち》氏を抜擢《ばってき》した。いまやＳＧＩ公認通訳の重鎮である洲崎氏だが、当時はまだ、中国を代表する指導者との会見の通訳としては経験不足であった。それでも、名誉会長はあえて、ベテランの通訳ではなく氏を選んだ。より早く真剣勝負の舞台に立たせることによって、大きく成長してほしいと願えばこそである。

洲崎氏自身が、『高校新報』（二〇〇八年九月二十四日付）に寄せた随筆の中で、このときのことを次のように振《ふ》り返《かえ》っている。

「香港《ホンコン》出身の私は、広東語《カントン》はできても中国語（北京語《ペキン》）は中途半端《ちゅうとはんぱ》。会見の相手が、私の通訳の素人《しろうと》ぶりに、けげんな顔を見せる場面もありました。

先生はそれを知りながら、困《こま》った顔ひとつせず、いたるところで、『彼は香港出身で、私の創立した創価大学の学生です』と、誇《ほこ》らしげに私を紹介してくださったのです。

本当に申し訳なさばかりで、二度と先生にご迷惑をかけないよう、必ず力《ちから》を付けよう、と心深く決意しました。このことは自身の中国語上達の大きな糧《かて》となり、三十年たった今も、瞬時《しゅんじ》たりとも忘れたことはありません」

小説『新・人間革命』第十五巻「創価大学」の章にも、そのときの模様《もよう》が描《えが》かれている。「緊張《きんちょう》のあまり、全身にビッショリと汗をかきながらの通訳であった」と……。しかし、この経験は氏の通訳としての人生にはかり知れない実《みの》りをもたらしたことだろう。

一九五九年（昭和三十四年）四月十三日、千葉市へ指導に赴《おもむ》いた際《さい》、名誉会長（当時・総務）は海面に林立《りんりつ》する細《ほそ》い竹棒（ノリヒビ＝養殖《ようしょく》ノリを付着《ふちゃく》・成長させる道具）を指して、出迎えの幹部にこう語ったという。

「ノリは、手が凍《こお》りつくような冷たい海水の中で育つ。水が冷たければ、冷たいほど、いいノリができる。人材育成の方程式も、まったく同じじゃないか」（『聖教新聞』二〇〇七年二月十六日付「あの日あの時」)

弟子たちをあえて激戦の最前線へと送り出す名誉会長の心情は、人材としての成長を熱《ねっ》願《がん》する厳愛《げんあい》にほかならないのだ。

陰《かげ》の労苦《ろうく》を見逃《みのが》さない、透徹《とうたつ》したまなざし

「士《し》は己《おのれ》を知る者の為《ため》に死す」という、『史記《しき》』の名高《なだか》い言葉がある。「男は、自分の真価《しんか》をよく知ってくれる人のためなら死んでもよいと思うものだ」との意だ。封建《ほうけん》時代の言葉ゆえ表現は穏当《おんとう》ではないが、ここには人材育成をめぐる一つの真理《しんり》がある。

人は、正しく評価されればこそ努力を重ねることができる。「ほかの誰に理解されなくとも、池田先生はわかってくださる」と弟子たちが深く確信すればこそ、彼らは奮起《ふんき》し、成長することができる。名誉会長の人材育成力《いくせいりょく》の根幹《こんかん》には、弟子たちの隠《かく》れた苦闘《くとう》をけっして見落《みお》とさない透徹《とうてつ》したまなざしがあるのだ。

その「まなざし」を端的《たんてき》に示《しめ》すのは、学会活動の中で目立たない陰《かげ》の労苦《ろうく》に徹《てっ》する人にこそ、名誉会長が渾身《こんしん》の激励《げきれい》をつづけてきたことである。

たとえば、一九六七年(昭和四十二年)に東京の国立競《こくりつきょう》技場《ぎじょう》で創価学会の「東京文化祭」

が開かれたときのこと。文化祭の模様《もよう》は記録映画になり、各地の学会組織で上映されたが、その映画が完成した際、名誉会長は誰《だれ》よりもまず、文化祭当日に整理役員をした青年部員たちを招いて試写《ししゃ》を行《おこな》った。彼らは、競技場への来賓《らいひん》や参加者の誘導《ゆうどう》などにあたっていたため、文化祭そのものはまったく見ることができなかったからだ。その陰の労苦に報《むく》いる試写会であった。

同様に、各種式典の設営にあたる「設営グループ」や、「無冠《むかん》の友《とも》」と呼ばれる『聖教新聞』の配達員などに対しても、名誉会長はつねに細やかな激励を重ねてきた。自《みずか》らが若き日には師匠《ししょう》を支《ささ》えて人知れぬ労苦をつづけてきたからこそ、華《はな》やかな表《おもて》舞台のみならず、陰で支える人々におのずと目を向けてやまないのだ。

「核《かく》」となる人材で、揺《ゆ》るがぬ土台を固《かた》める

「何事をなすにも、『核《かく》』となる人間が大事である。

学会の前進においても、戸田先生は、四人とか、六人とか、中核《ちゅうかく》となる人材をつくって、その地域、地域で土台を固めていくことが大事だと考えておられた。そうした観点からの人材育成にも、私は力《ちから》を入れてきた」（二〇〇八年七月度本部幹部会のスピーチの一節）

日本全国の学会組織、世界各国のSGI組織は、名誉会長が若き日より手塩《てしお》にかけて基《き》盤《ばん》作りをしてきたものである。そのために、名誉会長はまず各地に「核《かく》」となる人材を作り、その人たちに責任と使命の自覚をもたせた。

それはいわば、川の源流《げんりゅう》となる小さな泉《いずみ》を湧《わ》き立たせることにあたる。泉から流れが生まれれば、それはやがて川となる。そして、多くの流れが結ばれ、いつしか大河となっていく……。

創価学会・SGIが「人材の大河」となったいまの時点からは、泉を湧き立たせるまでの労苦は見えにくい。しかし、若き日の名誉会長が戸田会長のもとで第一歩を踏《ふ》み出したころ、大河はまだその片鱗《へんりん》すら見えなかったのだ。それでも、名誉会長の心には当時から、未来に現出《げんしゅつ》する大河が鮮《あざ》やかに思い描かれていたに違いない。だからこそ、大河の源《みなもと》となる眼前の一人の育成に心血《しんけつ》を注《そそ》いだのである。

そして、未来を見据《みす》えての名誉会長の人材育成は、いまもなお営々《えいえい》とつづけられている。

アメリカ創価大学の開学（二〇〇一年）も、そうした観点《かんてん》からとらえることができる。

「アメリカに、そして世界に通用《つうよう》する超一流《ちょういちりゅう》の人材を育てるには、どうすればいいか。人類の平和に貢献《こうけん》する真《しん》の『世界市民』を育成するには、どうすればいいか。

それは、『世界』を舞台にした大学をつくることである。世界をリードするアメリカに、

大学をつくるのだ。それが一つの道であると、私は、早くから考えていた。（中略）

アメリカに大学をつくれば、これまでの十倍の速さで、一級の人材が育っていく。私は、そう確信して手を打ってきた」（各部合同協議会でのスピーチより／『聖教新聞』二〇〇八年六月二十八日付）

百年先、二百年先までを視野《しや》に入れ、じつに半世紀余を費《つい》やして、名誉会長は創価学会・SGIに人材育成の揺《ゆ》るがぬ土台を築《きず》いてきたのだ。

「人材の城《しろ》」をめぐる壮大なビジョンと、そのために着実に打ってきた手――二つの相互《そうご》作用の中にこそ、名誉会長の卓越《たくえつ》した人材育成力《いくせいりょく》の源《みなもと》はある。

視点15　卓越《たくえつ》したリーダーシップの源《みなもと》にあるもの

歓喜《かんき》と力を育《はぐく》む、たぐいまれなリーダー

池田名誉会長がたぐいまれなリーダーであることを、疑《うたが》う者はいないだろう。戸田第二代会長時代に青年リーダーとして達成《たっせい》した数々の金字塔《きんじとう》、会長就任《しゅうにん》以来の約半世紀で成《な》し遂《と》げた比類《ひるい》なき大業《たいぎょう》——それらはどれ一つとっても、名誉会長の優《すぐ》れたリーダーシップを物語って余《あま》りある。

名誉会長の〝リーダーとしての初陣《ういじん》〟となったのは、昭和二十七年（一九五二年）二月、東京・蒲田《かまた》でくり広げた伝説的な折伏闘争《しゃくぶくとうそう》である。

戸田会長からこの闘争の陣頭指揮《じんとうしき》をまかされたとき、名誉会長はまだ二十四歳の青年であった。当時、勢いのある支部でも月に百世帯の折伏が限界《げんかい》だった中にあって、池田青年は派遣《はけん》された直後に「二月に蒲田支部で二百世帯の折伏をやりましょう」と宣言《せんげん》。そして、限界値《ち》の二倍にあたるその目標を見事完遂《かんすい》した。

この事実は、名誉会長が組織の第一線に躍《おど》り出た当初から、抜《ぬ》きん出た指導力をもっていたことを示している。組織に歓喜と力をみなぎらせ、会員たちが嬉々《きき》として弘教に向かう。そんな雰囲気《ふんいき》をいつのまにか作り出してしまうリーダーシップを、若き日から鍛《きた》え上げてきたのである。

その後も、大阪支部が一ヶ月で一万一千百十一世帯という未曾有《みぞう》の弘教を成し遂げた「大阪闘争」（一九五六年）、実質《じっしつ》一ヶ月間の派遣で山口県の学会世帯数を約十倍にした「山口開拓《かいたく》指導」（一九五六～五七年）など、青年時代の名誉会長は学会史に残る金字塔を数多く打ち立ててきた。ひとたび闘いの陣頭指揮《じんとうしき》をまかされるや、必ず前代未聞《ぜんだいみもん》の大勝利を飾《かざ》ってきたのである。その指導力が並外《なみはず》れたものであることは、結果としてあらわれる数字が何よりも雄弁《ゆうべん》に物語っていた。

たくましい牽引力《けんいんりょく》と、個々人への思いやり

会長就任後の歩《あゆ》みを振り返っても、創価学会およびＳＧＩの驚異的《きょういてき》発展が、名誉会長のリーダーシップに支《ささ》えられていることは一目瞭然《いちもくりょうぜん》である。日本社会の隅々《すみずみ》にまで根を張った創価学会、いまや百九十二ヵ国・地域にまで広がったＳＧＩ――これほどの巨大組織

若き日からたぐい稀なリーダーシップを発揮してきた池田名誉会長（1959年2月、愛知）
©聖教新聞社

を一代で築《きず》き上げたリーダーが、ほかにいるだろうか？

　エネルギッシュに組織を統率《とうそつ》し、大きな成果を上げてきた点のみを強調すると、名誉会長のリーダーシップのもう一つの側面《そくめん》を見落としかねない。それは、接する人を包み込むようなやさしさであり、細やかであたたかい気配りである。

　〝まさかが実現〟と言われた一九五六年の「大阪の戦い」でも、組織を活性化《かっせいか》させた大きな要因《よういん》となったのは、一人ひとりに対する名誉会長（当時・青年室長）の寸暇《すんか》を惜《お》しんでの激励、そして気配りであった。

　当時、名誉会長が会員に対して語った指導に、次のようなものがある。

「権力《けんりょく》や財力《ざいりょく》で、人を引きつけることもで

きる。しかし、権力には必ず反動《はんどう》があり、財力には限界がある。一番強いのは真心《まごころ》と誠意《せいい》だ。それがこちらにあるかないかで、すべてが決まるんだよ」（吉村元佑著『人間の中へ／VOL.5　池田大作と関西の友』第三文明社）

この指摘《してき》からもうかがえるように、目標に向かって組織を牽引《けんいん》していく力と、組織の成員《せいいん》一人ひとりを徹《てっ》して思いやるあたたかさ――二つをつねに兼備《けんび》してきた点にこそ、名誉会長のリーダーシップの大きな特長がある。

名誉会長は、リーダーのあるべき姿について、かつて次のように述《の》べている。

「リーダーが、細《こま》かいところまで気《き》を配《くば》り、心を配り、かゆいところに手が届《とど》くくらいの真剣さで一人一人のことを大切にしていくとき、初めてあたたかい、血の通《かよ》った組織ができてくる。それは自分自身の惰性《だせい》との、たゆみなき戦いである」（『池田大作全集』第八十三巻所収）

あたりまえのことのように思えるかもしれない。だが、そうではない。大きな組織を率《ひき》いる立場になればなるほど、組織全体にしか目を向けなくなり、小事《しょうじ》を他人まかせにし、個々人を軽んじがちなのが人の常《つね》なのだ。名誉会長は、折《おり》に触《ふ》れそのことを戒《いまし》めている。

たとえば、随筆《ずいひつ》集『私の人間学』にはこんな一節がある。

「組織や集団を相手にするときに陥《おちい》りやすい誤《あやま》りは、個《こ》を見失《みうしな》ってしまうことである。（中略）本義《ほんぎ》はどこまでも個々人であり、全体に対して費《つい》やす労力の何倍も、個人に注《そそ》いでいくことが必要となる。この個に即した、個別的な指導、激励があってこそ、全体的な指導、教育も生きてくる」（『池田大作全集』第百十九巻所収）

名誉会長こそ、「全体に対して費《つい》やす労力の何倍も、個人に注いできた」稀有《けう》なリーダーである。そのことを端的《たんてき》に示すのが、組織を陰《かげ》で支《ささ》える人の労苦をけっして見落とさず、激励を重ねてきたことだ。そうした姿勢は、若き日から現在まで寸毫《すんごう》も変わらない。

「陰の功労者」個々人にこそ光を当て、真《ま》っ先《さき》に激励をする――それは、組織全体にしか目を向けず、華《はな》やかな表舞台しか見ない傲慢《ごうまん》なリーダーにはけっしてできないことである。

長年にわたって指導者論を研究してきた、米ハワイ大学スパーク・マツナガ平和研究所のルアン・グアンソン所長は、真の指導者が兼備すべき三条件として、「未来に対するビジョンをもつこと」「思いやりと慈愛《じあい》の心をもつこと」「その慈愛の心で世界を包《つつ》むこと」を挙《あ》げる。そして、「私は、池田SGI会長も、真の指導者としての条件を立派に備《そな》えられた方であると思っております」と述べている。（『聖教新聞』一九九四年十一月五日付）

「サーバント・リーダーシップ」の時代に先駆《せんく》

池田名誉会長と対談集『地球対談　輝く女性の世紀へ』（主婦の友社）も編《あ》んだ米国の未

来学者ヘイゼル・ヘンダーソン氏が、「創価学会の皆さまと一緒に、〝民衆に奉仕《ほうし》するリーダーシップ〟の道を歩めることが、とてもうれしい！」と語ったことがある。
その言葉をふまえ、名誉会長は次のようにスピーチした。
「『民衆に奉仕《ほうし》するリーダーシップ』とは、まことに至言《しげん》である。これまでの人間の歴史は、『民衆に奉仕させるリーダーシップ』だけが横行《おうこう》していた。ここに、今の日本の根本《こんぽん》的な狂《くる》いもある。そうではなく、『民衆に奉仕《ほうし》する』行動こそ、二十一世紀の指導者の柱《はしら》であらねばならない」（『聖教新聞』一九九八年九月二十六日付）
名誉会長のそうした認識《にんしき》は、近年脚光《きゃっこう》を浴びている「サーバント・リーダーシップ」の概念《がいねん》と響き合う。
「サーバント・リーダーシップ」とは一九七〇年代にロバート・K・グリーンリーフが提《てい》唱《しょう》した概念で、「リーダーはフォロワー（部下など）に奉仕《ほうし》する立場である」とする「奉仕型リーダーシップ」のこと。名誉会長も、機関誌『大白蓮華《だいびゃくれんげ》』の「巻頭言《かんとうげん》」で、次のようにこの概念に言及《げんきゅう》したことがある。（二〇〇六年八月号／単行本『栄光への指針』聖教新聞社所収）
「アメリカの実業界で、『サーバント・リーダーシップ』と呼ばれる指標《しひょう》が提唱されているることは有名だ。『サーバント』とは『召使《めしつか》い』の意義《いぎ》である。つまり、『指導すること』

の核心《かくしん》は『奉仕すること』にある、というリーダー論なのである」

この「サーバント・リーダーシップ」こそ、池田名誉会長のリーダーシップの特長を一《いち》語《ご》で的確《てきかく》に示すものではないだろうか。

名誉会長は、フォロワー（全世界の同志など）をけっして見下《みくだ》さない。むしろ最大限の敬意をもって接《せっ》し、会員に奉仕する姿勢をつらぬいて組織を率《ひき》いてきた。その姿勢の端的《たんてき》なあらわれが、名誉会長があらゆる会合において、会場に入るとまず自《みずか》ら深く頭を下げ、会員たちにあいさつする姿だ。ごく自然にそのようなふるまいができる大組織のリーダーは、じつは稀有《けう》なのである。

戸田第二代会長もまた、「指導者とは、『民衆を護《まも》り』『民衆に尽《つ》くす』ために存在《そんざい》する」との指導者観をもっていた（『聖教新聞』二〇〇九年二月十八日付）。そうした師の姿勢を受け継《つ》いだ名誉会長だからこそ、会員たちは威圧《いあつ》されて従うのではなく、嬉々《きき》として名誉会長のあとにつづくのだ。

「サーバント・リーダーシップ」という言葉が生まれるはるか以前から、名誉会長は「サーバント・リーダーシップ」を体現《たいげん》していた。二十一世紀にふさわしいリーダーシップを、すでに半世紀前から巧《たく》まずして身につけていたのである。

リーダーを育成する者こそ真《しん》のリーダー

池田名誉会長は、一九九〇年にネルソン・マンデラ南アフリカ共和国元大統領（当時はアフリカ民族会議副議長）と会見した際《さい》、氏にこう語りかけたという。

「一本の高い樹《き》だけではジャングルはできません。『マンデラ』という飛び抜けた偉材《いざい》が一人だけいても、他の人々が成長しなければ、マンデラ氏の〝仕事《しごと》〟は完結しないのではないでしょうか」（「私の世界交友録」『池田大作全集』第百二十二巻所収）

この言葉には、名誉会長の指導者観の核心《かくしん》が示されている。

〝自分の志《こころざし》を受け継ぐ多くのリーダーたちを育成してこそ、真に偉大なリーダーといえる〟——名誉会長はそうとらえているといえよう。なぜなら、偉大なリーダーが成《な》し遂《と》げようとするのは、長い年月と幾多《いくた》の人材を要《よう》する大業《たいぎょう》であるからだ。その大業の実現を願うなら、次代《じだい》を担《にな》うリーダーたちの育成に力を注《そそ》ぐのは当然なのである。

「人材を育成する者こそ真の人材である」との至言《しげん》があるが、それを敷衍《ふえん》するなら、「リーダーを育成する者こそ真のリーダー」なのだ。

「リーダーは、若者の舞台を作るために、自分が犠牲《ぎせい》になるつもりで戦うのだ」（『聖教新聞』

（二〇〇九年一月十三日付／本部幹部会での名誉会長のスピーチより）

――この言葉のとおり、池田名誉会長は後継のリーダーたちの育成に心血《しんけつ》を注ぎ、身を粉《こ》にして後継の若者たちの「舞台」を作り上げてきた。

国際政治学者のジョセフ・ナイ博士（米ハーバード大教授）が、独自の指導者論をまとめた著書『リーダー・パワー』（邦訳・日本経済新聞社）の中で、次のように述べている。

「リーダーは天性《てんせい》の資質《ししつ》だけで決まるのではなく、主としてつくられるものであり、リーダーシップは学習可能だ」

池田名誉会長という稀有《けう》のリーダーの指揮《しき》によって、創価学会・SGIは、リーダーシップを学習するための得難《えがた》い訓練の場となっている。多くの若者が「学会の庭」で鍛《きた》えられ、立派なリーダーに成長していく……そうした実例《じつれい》が、数え切れないほどあるのだ。池田名誉会長のリーダーシップの卓越性《たくえつせい》――それは、以下の三点にまとめることができよう。

1．大いなる牽引力《けんいんりょく》と、個々人への細やかな思いやりの兼備《けんび》

2．会員に奉仕《ほうし》する姿勢をつらぬいてきた、「サーバント・リーダーシップ」の徹底《てってい》

3．自ら心血《しんけつ》を注《そそ》ぎ、直接・間接に幾多《いくた》のリーダーを育て上げてきたこと

名誉会長が体現《たいげん》してきた生き方こそ、まさに二十一世紀の世界が求めるリーダーシップにほかなるまい。

◇人を燃え上がらせるためには、まず、リーダーが自らの生命を完全燃焼させることだ。人を動かすには、自らが動き抜くことだ。（中略）組織といっても、リーダーの一念の投影である。

〜『新・人間革命 6』より

◇リーダーとして大事なことは、誰からも好かれるということです。人間は感情の動物だ。だから、どんなに話が理路整然として正しくても、あの人はいやだなと思ってしまえば、素直に話を聞けなくなってしまう。

〜『新・人間革命 9』より

◇指導者には、力と知恵と責任がなければならない。どんなにつらいことがあっても、それを乗り越え、頑張り抜く、責任感のある人物が、大指導者に育っていくというのが永遠不変の法則です。

〜『新・人間革命 10』より

◇組織が官僚主義化していってしまう根本原因は、どこにあるのか。それは、幹部が、広宣流布と仏子である会員への「献身」という、本来の組織の目的を忘れて、「保身」に陥ってしまうことにある。つまり、幹部の、「広布中心」から「自分中心」への、一念の揺らぎである。

〜『新・人間革命 10』より

◇責任者、リーダーというのは、人の苦労を背負う人のことです。そういう決意、哲学をもった指導者が出なければ、本当に人びとに尽くし、社会を変えていくことなどできない。

〜『新・人間革命 15』より

『新・人間革命』から学ぶ
池田名誉会長のリーダー論

◇組織というのは、中心者の一念で、どのようにも変わっていきます。常にみんなのために戦うリーダーには、人は付いてきます。しかし、目的が自分の名聞名利であれば、いつしか人びとはその本質を見抜き、付いてこなくなります。

〜『新・人間革命 1』より

◇これからのリーダーには書く力、語る力が大切になる。青年部の最高幹部になって、原稿一つ書けず、話にも説得力がないというのでは、社会をリードしていくことなどできません。その意味でも、青年部の幹部は、言論活動を特別な人だけに任せようとするのではなく、全員が言論の力を磨いていく必要がある。

〜『新・人間革命 4』より

◇リーダーとして、誰が最も苦労しているのかを、常に見抜いていかなくてはならない。華やかな表舞台にばかり目がいき、表面だけしか見ないリーダーでは、後輩がかわいそうです。そうなれば、やがて、皆が見せかけだけを考え、要領よく立ち回るように、なってしまいます。

〜『新・人間革命 4』より

◇指導者には責任がある。一生懸命であることは当然ですが、ただ、それだけでよいと思ってしまえば、自己満足に終わってしまう。一つのことを行うにも、それがいかなる意味をもち、結果的にどうなるのかを、長い目で見て、考え抜いていかなければならない。つまり、知恵が大事であり、その知恵は、強い責任感から生まれるんです。

〜『新・人間革命 6』より

PART
V

絆《きずな》

軽井沢を散策する池田名誉会長夫妻（2007年8月、長野）

© 聖教新聞社

視点16 「ともに闘《たたか》う同志」としての池田夫妻

名誉会長の激闘《げきとう》を支えてきた夫人の笑顔

戸田記念国際《こくさい》平和研究所の前所長《しょちょう》であり、池田名誉会長と対談集『二十一世紀への選《せん》択《たく》』も編《あ》んでいるマジッド・テヘラニアン博士は、次のように語っている。

「池田SGI会長も、つねに『平和の挑戦者《ちょうせんしゃ》』ゆえの逆境《ぎゃっきょう》の中にいます。そして、氏の困《こん》難《なん》な前進を支《ささ》えているのは、夫人でしょう。（中略）

私がこれまでに出会った女性の中で、最《もっと》もほがらかで、最も前向きで、最も思いやりのある優《やさ》しい女性が、池田夫人でした。SGI会長にとっては、支えであると同時に、ともに闘《たたか》う同志でもある得《え》がたいパートナーでしょう」（『世界の識者が語るSGI会長との出会い』潮出版社）

博士の言うとおり、名誉会長の人生において香峯子《かねこ》夫人の存在は大きい。ゆえに、夫妻の絆《きずな》を抜きにして名誉会長を語ることはできない。名誉会長自身、「私たちの結婚が、わ

が生涯《しょうがい》におけるかけがえのない宝《たから》となった」（「婦人抄」『池田大作全集』第二十巻所収）、

「私の勝利は妻の勝利です」（『主婦の友』のインタビューより）と、生涯の伴侶《はんりょ》への尽《つ》きせぬ感謝を折《おり》に触《ふ》れ語っているのだ。

第三代会長就任《しゅうにん》の日の夜、香峯子夫人が「今日から我が家には主人はいなくなったと思っています。今日は池田家の葬式です」と述《の》べたことは、よく知られている。夫人は、夫の会長就任がもつ厳粛《げんしゅく》な意味を理解すればこそ、妻としての覚悟《かくご》のほどをこの言葉に託《たく》したのだ。今日かぎり、夫はすべての時間を学会に捧《ささ》げる。家庭のことはすべて自分がやらねばならない――そんな覚悟を。

そして、夫にかわって家庭を守り、三人の子らを育て上げた香峯子夫人は、けっして微《ほほ》笑《え》みを絶《た》やさなかった。それは、夫妻共通の師匠《ししょう》・戸田城聖第二代会長が、二人の結婚式に際《さい》して夫人にこう厳命《げんめい》したためでもある。

「二つのことを私は頼《たの》みたい。一つは、必ず家計簿《かけいぼ》をつけること。第二に、朝晩、出勤《しゅっきん》するときと帰宅するときは、笑顔で送り迎えしなさい。どんなに不愉快《ふゆかい》なことがあろうと。この二つだけは守ってほしい」（趣意）

いかなる困難に遭っても変わらぬ夫人の笑顔が、名誉会長の激闘を支える力となった。創価学会がいまよりはるかに小さかった時代には、家計のやりくりもまた香峯子夫人にとって闘《たたか》いであった。

たとえば、若き日の池田名誉会長が二十四歳で関西への第一歩を印し、「常勝《じょうしょう》関西」の基盤《きばん》を築《きず》くまでの日々。そのためにくり返された大阪行きの費用を工面《くめん》することも、夫人の闘いだったのである。

香峯子夫人は、戸田会長との約束どおり、結婚以来、家計簿と日記を欠《か》かさずつけつづけているという。それは、夫の激闘を見守り、家を守る闘いの記録でもある。

裁判において、その家計簿が名誉会長の正義を立証《りっしょう》する重要な裏付《うらづ》けとなったこともある。そこには、名誉会長の日々の行動が、来客や電車賃《ちん》に至《いた》るまで克明《こくめい》に記《しる》されていたからである。これもまた、麗《うるわ》しき夫婦共闘《きょうとう》の一コマといえよう。

公私ともに寄《よ》り添《そ》い、闘《たたか》いつづけた半世紀《はんせいき》

〝夫を陰《かげ》で支え、留守がちな家を守る妻〟という面のみを強調すると、名誉会長夫妻の絆のありようが封建的《ほうけん》な「夫唱婦随《ふしょうふずい》」のイメージでとらえられかねない。だが、そうではない。

名誉会長はけっして「家庭を顧《かえり》みない父親」などではない。子育てにおいても要所《ようしょ》を押

さえ、父親としてもかけがえのない存在である。

昭和の名《めい》ルポライター児玉隆也《こだまたかや》が、名誉会長の家庭を訪《たず》ねて書いた魅力《みりょく》的な取材記事がある（『婦人と暮らし』一九七四年冬号「池田大作さんご一家　おもてなしの心」）。その中で児玉は、子息《しそく》の一人が部屋の本棚《ほんだな》に父親の写真を飾《かざ》っているのを見て、強い印象を受けたことを記《しる》している。

「私は職業がら、相当数《そうとうすう》の『著名人《ちょめいじん》』の家を体験している。だが、子供が父親の写真を何《なに》気《げ》ない仕種《しぐさ》で身のまわりに置いている家は、初めてであった」

「家庭を顧みない父親」からはけっして生まれ得《え》ないエピソードだろう。

また、香峯子《かねこ》夫人は、創価の女性たちにとって、広布に進むあたたかい家庭を創造してきた模範《もはん》でもある。そして、国内の諸行事や海外訪問にも名誉会長に同行し、その「公《おおやけ》」の部分にも寄《よ》り添《そ》ってきたのだ。

海外には一九六四年から、国内諸行事には一九六九年から、夫人が同行するようになった。いずれも、激務《げきむ》の連続の中で名誉会長が旅先《たびさき》で体調を崩《くず》すことがないよう、学会首脳《しゅのう》たちからの強い要請《ようせい》があったことがきっかけだったという。

夫人は、夫に同行する旅の中での人知れぬ気遣《きづか》いを、次のように明かしている。

「海外に出たときには、主人が休めるよう、私は長いすで寝《ね》るときもありました」

「昔は、日本食など、どこにもありませんでしたから、いつも同じメニューになってしまって、今日は何を食べてもらおうかと、気をもんだこともありました（笑）」（『香峯子抄』）

北京大学「池田大作研究会」の賈蕙萱《かけいけん》前会長は、香峯子夫人を「善良《ぜんりょう》にして優しい妻」「忍耐《にんたい》強い母親」「至《いた》れり尽《つ》くせりの看護師」「優秀《ゆうしゅう》な秘書」「女性の手本《てほん》」という五つの側《そく》面《めん》を兼備《けんび》した非凡《ひぼん》な女性と讃《たた》えている。まさしく、夫人はときには看護師となり、栄養士となり、秘書ともなって、名誉会長の闘《たたか》いを支《ささ》えてきたのだ。

陰《かげ》で支えるだけではない。名誉会長による民間外交の表《おもて》舞台にともに立つことも、夫人の大切な役割《やくわり》である。

たとえば、池田名誉会長（当時・会長）と中国の周恩来《しゅうおんらい》総理の歴史的会見《かいけん》（一九七四年十二月）に際《さい》して、学会側からは夫人のみが同席した。がんに侵《おか》されていた周総理の体調を案《あん》じ、会見人数は最小限に抑《おさ》えられたからである。夫人は名誉会長のかたわらで懸命《けんめい》にメモを取り、会見を記録する役割も果《は》たした。

それ以外にも、多くの識者・指導者との会見に、香峯子夫人は最高のパートナーとして居《い》合《あ》わせた。民間外交の成否《せいひ》は、名誉会長のみならず、夫人が相手に与える印象《いんしょう》にもかかっていたのである。

そして、夫人は見事にその役割を果たしてきた。名誉会長への顕彰《けんしょう》のため来日する各国の識者が、学術称号《しょうごう》授与式などのスピーチで必ずといってよいほど香峯子《かねこ》夫人を讃《たた》えることが、その端的《たんてき》な証左《しょうさ》である。

公的なスピーチにかぎらない。名誉会長と友誼《ゆうぎ》を結《むす》んだ各国の識者・指導者の多くが、折《おり》に触《ふ》れ、夫人のやさしさ、聡明さを讃える言葉を述《の》べている。冒頭《ぼうとう》に引いたテヘラニアン博士の言葉は、そのほんの一例だ。

会見相手の胸襟《きょうきん》を開かしめる名誉会長の「対話力」も、夫人が同席するとき、いっそう鮮《あざ》やかに発揮《はっき》されるのだ。その場の空気をあたたかく包む夫人の微笑《ほほえ》みを〝触媒《しょくばい》〟として……。

同じ目標《もくひょう》に向かって歩む「戦友《せんゆう》」

名誉会長夫妻の絆《きずな》を思うとき、私には、もう一組《ひとくみ》の歴史的な夫婦の姿がそこに二重写《にじゅううつ》しになる。それは、中国の周恩来《しゅうおんらい》総理と鄧穎超《とうえいちょう》夫人である。

名誉会長夫妻が〝革命の途上《とじょう》〟――戦後、創価学会の怒濤《どとう》の前進のさなか――で出会ったように、周総理夫妻も革命の途上《とじょう》で出会った。当時の周恩来は、革命にすべてを捧げるため一生独身《どくしん》をつらぬこうと決意していたという。のちに鄧穎超との結婚に踏み切ったのは、「彼女なら、ともに革命の試練《しれん》に打ち勝っていける」と考えたためであった。

周総理夫妻は、同じ目的に向かって共闘《きょうとう》する「同志《どうし》」でもあった。総理の逝去《せいきょ》に際して鄧穎超が柩《ひつぎ》に捧げた花には、「恩来戦友」と記されていたという。池田名誉会長もまた、夫人のことを「何より第一の戦友です」と表現する。（『主婦の友』のインタビューでの発言）

鄧穎超は、「革命の女性闘士」という言葉からイメージされるいかつさとは無縁《むえん》であった。どんなときにも笑顔《えがお》を絶《た》やさない彼女を、周恩来は「偉大なる楽観主義者」という意味をこめ、「大楽天」と呼んだ。その点も、香峯子夫人と重なる。

池田名誉会長もまた、「彼女なら、ともに試練に打ち勝っていける」との思いから、香峯子夫人を生涯《しょうがい》の伴侶《はんりょ》に選んだのではないか。幼き日、牧口初代会長が座談会で特高《とっこう》警察の監視《かんし》のなか、毅然《きぜん》と仏法の正義を語り抜く姿を目《ま》の当たりにしたことを「信心の原点」とした香峯子夫人は、そのあたたかい微笑《びしょう》の奥に強靱《きょうじん》な意志力を秘《ひ》めた女性なのだと思う。

周総理の逝去《せいきょ》後、名誉会長夫妻は鄧穎超と交友を深め、通算八回の出会いを重ねた。そのことをふまえ、香峯子夫人が「鄧先生は、周総理とご自身に重ね合わせて、私たち夫婦のことを見守ってくださっているようでした」（『香峯子抄』）と述懐《じゅっかい》しているのは印象的である。

香港にて（2000年2月、中国）　©聖教新聞社

支え合い、高め合う「理想の夫婦像」

近年、各国からの名誉会長への顕彰《けんしょう》に際して、香峯子《かねこ》夫人も同時に顕彰され、名誉教授称号《しょうごう》などを授与される事例《じれい》が増《ふ》えてきた。それは、夫人の貢献《こうけん》なくして名誉会長の活躍《かつやく》もないことが、各国の識者に正しく理解されてきたからにほかならない。

そうした事例の一つに、二〇〇四年、中国・福建《ふっけん》省の冰心《ひょうしん》文学館から池田名誉会長に贈られた名誉館長称号がある。

同館は、中国初の女性作家・謝冰心《しゃひょうしん》の名を冠《かん》した文学館。授与者側の福建省文学芸術界聯合《れんごう》会代表団は、名誉館長称号と合わせ、香峯子夫人に「愛心大使」の称号を贈った。そして、式典の席上、一行代表（同文学館の王炳根《おうへいこん》館長）はスピーチの中で次のように述《の》べたのである。

「私たちの心を強く打った一枚の写真があります。それは、池田先生が旅の途中で撮影《さつえい》している様子《ようす》を写したものです。

先生は道端《みちばた》の土手《どて》の上で、精神を集中してカメラを構《かま》えていらっしゃいます。そのとき、香峯子夫人は先生の後《うし》ろに立ち、その体を支え、撮影に専心《せんしん》できるようにしておられるのです。この光景は、麗《うるわ》しき人生と愛情の縮図《しゅくず》だと感動したのです」

この写真が象徴《しょうちょう》するように、互いに支え合い、互いを高め合って闘ってきた、名誉会長夫妻の半世紀余――。それは、たぐいまれな夫婦の歴史であり、全世界のＳＧＩメンバーにとっては「理想の夫婦像」でもある。

池田名誉会長夫妻の歩み

1951年（昭和26年）5月3日　戸田城聖　創価学会第二代会長就任

夏　出会い

「吾が心嵐に向かいつつ　吾が心高鳴りぬ
嵐に高鳴るか吾が心よ　ああ吾が心
汝の胸に泉を見たり　汝の胸に花咲くを願いたり」

～池田名誉会長から香峯子夫人へ～（『私の履歴書』より）

1952年（昭和27年）5月3日　結婚

「家計簿をつけること」

「朝晩、出勤するときと帰宅するときは笑顔で送り迎えしなさい」

～戸田先生から香峯子夫人へ～（『香峯子抄』より）

1954年（昭和29年）3月30日　青年室長就任
1956年（昭和31年）　大阪の戦い
1958年（昭和33年）4月2日　戸田第二代会長逝去
1960年（昭和35年）5月3日　創価学会第三代会長就任

「今日は、わが家のお葬式だと思っております。思う存分、創価学会のため、学会の皆様のために尽くしてください」

～香峯子夫人から池田名誉会長へ～（『聖教新聞』二〇〇七年八月二十六日付スピーチより）

1965年（昭和40年）1月1日　小説『人間革命』連載スタート

「（体調を気遣って）私も、いつでも主人の口述を筆記できるように準備をしていたものです」（『香峯子抄』より）

1968年（昭和43年）4月1日　創価中学・高校が開校

「私は妻に言った。これから、本を書いて書いて、書き続けるよ。その私の印税で、世界的な学園を、必ずつくってみせるからね」（『随筆　平和の城』より）

1970年（昭和45年）　言論出版問題

「『御書に仰せの通りに生きるならば、難があるのは当然ですもの』と、（妻は）笑顔を絶やさなかった」（『随筆　新・人間革命2』より）

1971年（昭和46年）４月２日　創価大学が開学

1972年（昭和47年）５月５日　トインビー博士と対談開始

1973年（昭和48年）４月１日　創価女子中学・高校が開校（現・関西創価学園）

「ある日、ある時　ふと　私は妻に漏らした。

『嫉妬うず巻く日本を去ろう　世界が待っているから』

その時妻は微笑んで言った。

『あなたには学園生がいます。学園生はどうするのですか？　きっと寂しがりますよ』」（『随筆　桜の城』より）

1974年（昭和49年）９月17日　ソ連・コスイギン首相と会見
12月５日　中国・周恩来首相と会見

1975年（昭和50年）1月26日　創価学会インタナショナルが発足
5月27日　ロシア・モスクワ大学より最初の名誉学術称号

（名誉学術称号を固辞する池田名誉会長に対し）「あなた、捧げたいとまでおっしゃっているのよ。先方も、そのほうが喜ばれるのですから…」
（『池田大作の軌跡』より）

1976年（昭和51年）4月1日　札幌創価幼稚園が開園
1978年（昭和53年）4月1日　東京創価小学校が開校
1979年（昭和54年）4月24日　創価学会名誉会長に就任

「会長を辞めたことを伝えると、妻は、何も聞かずに『ああ、そうですか……。ご苦労様でした』と、いつもと変わらず、微笑みながら、迎えてくれた」（『随筆　新・人間革命79』より）

1982年（昭和57年）4月1日　関西創価小学校が開校
1983年（昭和58年）8月8日　国連平和賞を受賞
1985年（昭和60年）4月2日　創価女子短期大学が開学

2001年（平成13年）5月3日　アメリカ創価大学が開学
2002年（平成14年）5月3日　結婚50年を迎える
2003年（平成15年）2月3日　ブラジル創価学園が開校
2005年（平成17年）2月27日　『香峯子抄』が出版

「妻との結婚は、私の人生にとって、かけがえのない幸せでした」
「妻に感謝状をあげるとしたら、『微笑み賞』でしょうか」
「妻は私にとって、人生の伴侶であり、ときには看護師であり、秘書であり、母のようでもあり、娘か妹でもあり、何より第一の戦友です」
（『香峯子抄』より）

2006年（平成18年）10月7日　中国・北京師範大学より200番目の名誉学術称号を授与される
2008年（平成20年）3月15日　韓国に幸福幼稚園が開園
2009年（平成21年）4月　創価学会会員が192ヵ国・地域に拡大
2010年（平成22年）5月3日　会長就任50周年

視点17 「未来の宝《たから》」――若き友たちとの絆《きずな》

人の道、師弟の道を、身を削《けず》って教えてきた

「子どもは未来の宝《たから》だ。未来からの使者《ししゃ》だと思って大事にしなさい」

戸田第二代会長は折《おり》に触れ、そのように語っていたという。創価学会の「未来部」（高等部・中等部・少年少女部の総称《そうしょう》）も、その意義をふまえて名づけられた。

若き日の池田名誉会長が、師匠《ししょう》である戸田会長のもとで働き始めて最初に手がけたのは、戸田会長の発行《はっこう》する少年雑誌の編集であった。師弟一体《していいったい》の闘《たたか》いは、ここから始まった。

第三代会長に就任《しゅうにん》した名誉会長が、初めに結成《けっせい》したのも未来部であった。一九六四年（昭和三十九年）六月、その第一歩として、学会に高等部が誕生《たんじょう》した。以来四十六星霜《せいそう》を数える未来部の歴史は、名誉会長が手作りで築《きず》き上げてきた歴史にほかならない。

「人をつくり、青年を育てる――」。

学会の運動は、つねにこの原点《げんてん》から出発し、この原点に帰着《きちゃく》する。

それゆえに、青年部、そして未来部こそが、学会の希望であり、眼目《がんもく》であり、魂《たましい》なのだ」（二〇〇七年八月二十六日、代表幹部研修会での名誉会長のスピーチより）

「手塩《てしお》にかけて育てる」の「手塩」とは、昔、料理の味加減をととのえるため、小皿《こざら》に盛《も》られ食卓に置かれた塩のことをいう。自ら手塩をとって味をととのえるように、こと細かに面倒《めんどう》をみて人を育てるさまが「手塩にかける」なのである。

名誉会長と若き友たちの絆を示すエピソードのいくつかに触《ふ》れて、私は「『手塩にかけて育てる』とはまさにこのことだ」と深く感じ入った。たとえば……。

創価学園の第一期生が高校卒業を一ヵ月後に控《ひか》えた、一九七一年（昭和四十六年）二月十一日の午後のこと。創立者である池田名誉会長（当時・会長）は、高校三年生、中学三年生の代表と懇談《こんだん》の機会をもった。その途中、名誉会長は、同席《どうせき》していた教員たちに少し席を外《はず》してくれるよう頼んだ。そして、残った学園生たちに次のように尋《たず》ねたという。

「お世話になった担任《たんにん》の先生方に、卒業生として何かお礼の、感謝の品物《しなもの》をきみたちで準備しているの？」

学園生たちは答えに窮《きゅう》した。まだ人生経験も浅い彼らには、そのようなことはまるで考えつかなかったのだ。すると、名誉会長は重《かさ》ねて言った。

「お世話になった先生に恩《おん》を返すということは、人間としていちばん大事なことです。世間でも、『立《た》つ鳥跡《とりあと》を濁《にご》さず』というんだよ」

そして、「じつは、私が諸君《しょくん》に代《か》わって、お礼の記念の品《しな》を用意しておいたよ」と、そばに置かれていた品物を示した。それは、深い光沢《こうたく》を放《はな》つ鎌倉彫《かまくらぼり》りの文箱《ふばこ》六つであった。

「卒業のときには、これを『私から』というのではなく、『諸君から』として担任の先生方に御礼としてさしあげなさい」――名誉会長はそう言ったという。

この日は、創価大学の竣工式《しゅんこうしき》が多数の来賓《らいひん》を迎えて行われた日でもある。名誉会長は、大学での行事に参加後、寸暇《すんか》を惜《お》しんで学園へと向かい、一期生たちと懇談のひとときをもったのであった。〝生き方の根本《こんぽん》をなす報恩《ほうおん》・師恩《しおん》の大切さを、卒業という旅立《たびだ》ちの前に教えておきたい〟との思いから、激務《げきむ》のさなかに時間をこじあけて……。

名誉会長の若き友に対する姿勢には、このように、身を削《けず》る人材育成と細心《さいしん》の気配《きくば》りが息づいている。

もう一つ、最近の出来事《できごと》を紹介しよう。

二〇〇八年五月末、修学旅行《しゅうがく》で東京を訪《おとず》れた岐阜《ぎふ》県の中学校の男子生徒二人が、信濃町《しなの》の聖教新聞本社を来訪《らいほう》。紙面制作と編集のプロセスを見学した。

この中学校では、進路学習の一環《いっかん》として、修学旅行中に生徒がそれぞれ任意《にんい》の企業《きぎょう》を訪問し、仕事の現場に触《ふ》れるという試《こころ》みを行っている。二人の生徒は「新聞はどのように作られているのか見てみたい」と、訪問先に聖教新聞社を選んだのだった。

二人の来訪について報告を受けた池田名誉会長は、「盛大《せいだい》に迎《むか》えてあげよう!」と指示。当日は、岐阜県出身者を中心に聖教新聞の若手社員たちが、にぎやかに二人を迎えた。名誉会長からの真心《まごころ》の伝言が伝えられ、記念撮影が行われた。さらには、記者たちの手によって、二人をそれぞれ〝主役〟にした特別紙面が制作され、記念品として贈《おく》られた。

修学旅行にきた男子中学生は、あたかも海外からの賓客《ひんきゃく》のように、最大限の敬意《けいい》と真心をもって歓迎《かんげい》されたのだった。二人にとっては生涯忘《しょうがいわす》れ得《え》ぬ原点《げんてん》となるに違いない。

このささやかなエピソードこそ、池田名誉会長がいかに青少年一人ひとりを大切にしているかの、端的《たんてき》な証拠であろう。名誉会長にとっては、どの青少年も等《ひと》しく「未来の宝」。ゆえに、機会をとらえてはその敬意を表《ひょう》し、渾身《こんしん》の激励を送ってきたのだ。

大きな学会組織において、名誉会長自らがすべての未来部員に会うことは、むろん不可能である。だからこそ、直接会うことはかなわない大多数の未来部員たちに向けて、名誉会長は折々《おりおり》に指導や著作物を通じて激励を送ってきた。

その一つが、全国の未来部員から寄《よ》せられた悩みや相談に答えた『希望対話』『青春対話』であり、また数多くの創作《そうさく》童話・物語である。少年少女に向けた名誉会長の創作は、一九七四年の『少年とさくら』を嚆矢《こうし》とし、現在まで書き継がれている。そのうち多くの作品はアニメビデオとなり、国内のみならず海外各国でテレビ放映され、世界の子どもたちの心に夢と希望と勇気を送っているのである。

それらの作品には、タイトルに「王子」もしくは「王女」と入ったものが多い（『お月さまと王女』『雪ぐにの王子さま』『さばくの国の王女さま』『サンゴの海と王子』『二人の王子さま』など）。その理由を、名誉会長は次のように説明している。

「かけがえのない未来からの使者《ししゃ》に対して、私はまず最大の敬意を払《はら》いたいからである」

（「大道を歩む」『池田大作全集』第百二十六巻所収）

少年少女たちを、けっして子ども扱《あつか》いして軽《かろ》んじない。一個の人間として、また使命《しめい》ある「宝の人材」として、敬意をもって接する。そうした姿勢が、池田名誉会長の行動には通底《つうてい》している。

「桜守《さくらも》り」の心で見守《みまも》る

池田名誉会長が、青少年一人ひとりに向ける敬意。それは、子どもを甘やかす姿勢とは似《に》て非《ひ》なるものである。名誉会長の若き友への愛は父のごとき「厳愛《げんあい》」であり、その成長を願えばこそ、ときには厳《きび》しく叱咤《しった》することもあるのだ。

日本武道館で開催された第三回高等部総会（1970年8月、東京）　©聖教新聞社

たとえば、一九七六年（昭和五十一年）一月二十四日、創価学園を訪問した名誉会長（当時・会長）が、そこに集《つど》った学園生に「私の目からは、いまの学園は少々堕落《だらく》しているように思います」と語りかけたことがある。「（学園の）一期、二期は金《きん》だ。いまは鉄じゃないか」と……。それは、当時の学園生の間に漂《ただよ》っていた、わずかな気のゆるみを察知《さっち》しての言葉であった。

師《し》の厳愛《げんあい》の指導に、学園生たちは電流《でんりゅう》に打たれたような思いになり、襟《えり》を正した。その日以来、学園に漂っていたゆるんだ空気は一掃《いっそう》され、生徒たちは見違《みちが》えるようにいきいきと日々を過ごすようになった。

そして、その年に卒業を控《ひか》えていた学園六期生の有志《ゆうし》が、杉の木の板から糸ノコギリで「原点」の二文字を切り出し、額を作った。師匠に叱咤された日を新たな「原点《げんてん》」として前進しよう、との決意を込めた額《がく》である。その額は、いまも学園の小体育館の壁《かべ》に掲げられている。

また、「手塩にかけて育てる」といっても、名誉会長が未来部育成に向ける姿勢は、弱いものを保護《ほご》するような姿勢とも異《こと》なる。かつて名誉会長は、子どもの育成に向ける姿勢の望ましいあり方を、「桜守《さくらも》り（桜を育てる人）」に喩《たと》えたことがある。

「『保護』は、今の状態を保《たも》たせるという意味あいが強いが、『守《も》り』は、未来へ伸びていく命を信じて、その成長に仕えていこうという心である。

だから、『守《も》り』をする人は、木をいじりすぎない。基本は、放《ほう》っておく。しかし、目は離《はな》さない。細《こま》かく見ながら、大きくまかせていく。

例《たと》えば、心配だからといって、早くから添《そ》え木《ぎ》をしたりすると、木はそれに頼《たよ》って、自《じ》力《りき》で大きくなろうとしなくなる」（『聖教新聞』二〇〇一年四月八日付「池田SGI会長の素晴らしき出会い」より）

名誉会長は、まさにこのような「桜守り」の心で、青少年育成に取り組んできた。その姿勢を象徴《しょうちょう》的に示した出来事《できごと》がある。それは一九七九年十月、東京創価小学校の「王子農園」で第二回「いもほり大会」が開かれたときのエピソードだ。

進行役《しんこう》の教師は、三十センチずつ間隔《かんかく》をあけて子どもたちを並《なら》ばせ、掘《ほ》る場所を決めていっせいに「いもほり」をさせようとした。教師はまず一年生を順番に並べ、他学年の児童を待たせて、「隣《となり》の子と、三十センチあけて！」と何度もマイクを通して叫《さけ》んだ。

そのとき、そばで様子を見ていた池田名誉会長はこう言ったという。

「三十センチなんて言《い》ってないで、自由にいもを掘らせてあげてはどうか」

その一言《ひとこと》で、全学年の子どもたちがいっせいに畑に飛び込んでいもを掘ることになった。それまで静かだった農園は、たちまち大きな歓声《かんせい》に包《つつ》まれた。

これは、いもほり大会のみならず、子どもの育成万般《ばんぱん》に通ずる甚深《じんじん》の知恵でもあろう。子どもたちを、大人の都合《つごう》で枠《わく》にはめない。また、保護しようとするあまり、大きくなろうとする力を押さえつけない。「桜守り」のごとく、見守りながらも「大きくまかせていく」……そうした育成の心も、名誉会長は大切にしているのである。

師の薫陶《くんとう》で飛翔《ひしょう》した、各界《かっかい》のリーダーたち

未来部結成から四十年以上を経《へ》たいま、池田名誉会長から直接・間接に薫陶《くんとう》を受けたかつての未来部の世代が、各界で活躍している。

創価学会の全国幹部を例にとっても、いまや、その多くは未来部時代に受けた師の薫陶を原点に成長してきた人々である。たとえば、正木正明理事長は、創価学園時代に名誉会長から受けた激励を振り返り、「私の中で『苦労』が『誇り』に変わった瞬間でした」と述懐している。

「子どもたちは未来の宝である」と、言葉で言うだけなら誰にでもできる。だが、現実の行動の中で数えきれないほどの子どもたちを薫陶し、激励し、夢と希望を与え、人生の正しい軌道《きどう》に乗せて成長させることは、たいへんな難事《なんじ》であろう。その難事を半世紀以上にもわたってつづけてきたのが、池田名誉会長なのである。

視点18 「女性が主役《しゅやく》」の世紀を育《はぐく》む

「女性の力」を信じ、引き出してきた名誉会長

創価学会およびSGIが、現在のように大きく発展《はってん》した最大の要因《よういん》は何であろうか。その一つの答えとして、「女性会員の力を活《い》かしてきたこと」が挙《あ》げられるだろう。これまでの、また現在の創価学会において、女性たち、ことに婦人部の力が果《は》たす役割《やくわり》が非常に大きいことは、衆目《しゅうもく》の一致《いっち》するところである。

たとえば、北京《ペキン》大学「池田大作研究会」の前会長でもある同大の賈蕙萱《かけいけん》教授は、かつてこう語った。

「中国では『世界の半分を女性が支《ささ》えている』といいますが、創価学会では女性が半分以上を支えていますね」（一九九四年十月に開かれた、北京大学と東洋哲学研究所の合同シンポジウムでのあいさつより）

インド「ガンジー記念館」のサビタ・シン館長も、次のように述《の》べている。

「SGIのみなさんとかかわるなかで実感《じっかん》したことは、SGIの運動こそ、まさに『女性が主役《しゅやく》』の運動であるということです」

そしてそれは、創価学会・SGIの最高指導者である池田名誉会長が、誰よりも「女性の力」を信じ、その力を十全《じゅうぜん》に引き出してきたことの反映《はんえい》にほかならない。名誉会長のリーダーシップの大きな特長《とくちょう》の一つが、そこにあるのだ。

池田名誉会長は、会長就任《しゅうにん》(一九六〇年)後のごく早い時期から、「二十一世紀は女性の世紀である」と言いつづけてきた。実際に二十一世紀が訪《おとず》れ、各国で女性の社会進出が進むいまとなっては、それは「あたりまえのこと」とも思えるだろう。だが、名誉会長が提唱《ていしょう》した四十数年前の日本にあっては、たいそう先駆的《せんくてき》な主張であった。

日本は、二十一世紀のいまも、先進《せんしん》諸外国に比《くら》べて女性の社会参画《さんかく》が著《いちじる》しく遅《おく》れている国である。女性が政治・経済活動に参加し、意志《いし》決定にかかわれるかどうかを測《はか》る「ジェンダー・エンパワーメント指数」(GEM)というものがある。「国連開発計画」が毎年算《さん》出《しゅつ》・発表しているものだが、二〇〇八年度の日本のGEM値《ち》は〇・五七五で、百八ヵ国中五十八位。とても先進国とは思えない低い数値なのだ。いまでさえそうなのだから、四十数年前の状況《じょうきょう》は推《お》して知るべし。

そのように、女性が脇役《わきやく》に追いやられがちな〝悪《あ》しき伝統〟をもつ日本にあって、名誉会長は早くから「女性の力」に大きな期待をかけ、「女性が主役」の時代を熱望してきたのである。

「戦争と暴力《ぼうりょく》の時代」から「平和と共生《きょうせい》の時代」へ

名誉会長にとって、「二十一世紀は女性の世紀」との言葉は、たんなる論評《ろんぴょう》でも未来予《よ》測《そく》でもなかった。それは、〝二十一世紀を何としても女性の世紀にしなければならない〟との決意を込めた、一つのスローガン（目標を要約《ようやく》して示した標語《ひょうご》）でもあったのだ。

ではなぜ、〝二十一世紀を女性の世紀にしなければならない〟のか？ そこには、〝女性たちが「主役」となってこそ、二十一世紀を「平和の世紀」とすることができる〟との認《にん》識《しき》がある。たとえば、名誉会長は世界的未来学者であるヘイゼル・ヘンダーソン博士との対談で次のように述べている。

「私もかねてより、人類の歴史を『戦争と暴力《ぼうりょく》の時代』から『平和と共生《きょうせい》の時代』へと転《てん》換《かん》させるには、女性の役割が何にもまして重要であると訴《うった》えてきました。（中略）

女性は本来、現実主義者であると同時に、生命を慈《いつく》しみ守りゆく、豊かな感性《かんせい》をもった平和主義者です。そして正義感が強く、真面目《まじめ》で、忍耐《にんたい》強い。

私の長年《ながねん》の経験に照らして、そう確信しています」（『地球対談　輝く女性の世紀へ！』主婦の友社）

「産《う》み育《はぐく》む性《せい》」である女性は、平和を愛し、生命を尊《とうと》ぶ気持ちが総《そう》じて男性よりも強いといわれる。二十世紀が血なまぐさい「戦争と革命《かくめい》の世紀」となってしまったのは、男性ばかりが社会の主導権《しゅどうけん》を握《にぎ》ってしまった結果でもあるのだ。

だからこそ、名誉会長は会長就任《しゅうにん》以来一貫《いっかん》して、「二十一世紀を女性の世紀」たらしめるための広範《こうはん》な行動をくり広げてきた。その一つが、学会の婦人部・女子部が自在《じざい》に活動をくり広げるための組織整備《せいび》であり、折々《おりおり》の激励《げきれい》・指導である。女性メンバー向けの励ましの著作《ちょさく》も数多い。

また、名誉会長は各国を代表する女性識者・指導者たちとも対話を重《かさ》ねてきた。それらの対話は、女性識者との対談集にも結実《けつじつ》している。先のヘンダーソン博士のほか、ブルガリアの芸術史学者アクシニア・ジュロヴァ博士と編んだ『美しき獅子《しし》の魂《たましい》』、米国の平和学者・社会学者エリース・ボールディング博士と編んだ『「平和の文化」の輝く世紀へ！』などである。

それらは対話による平和行動の一環《いっかん》だが、同時に、「創価の女性たち」と各国の優《すぐ》れた女性たちを結ぶネットワーク作りの一助《いちじょ》ともなった。たとえば、エリース・ボールディング博士は、創価学会の婦人部・女子部が主催《しゅさい》した「平和の文化と女性展」の監修者《かんしゅうしゃ》をつとめたが、それも名誉会長との親交《しんこう》があればこそだろう。

池田名誉会長は、「創価の女性たち」こそが「二十一世紀という女性の世紀」の牽引役《けんいんやく》となるよう、さまざまな面から手を打ってきたのである。

女性を心から尊敬《そんけい》し、女性の知恵《ちえ》に学ぶ

母・いちさんを背負う池田名誉会長(1975年8月、静岡)
©聖教新聞社

「天性の平和主義者」ともいうべき女性たちの特質《とくしつ》にいち早く着目《ちゃくもく》し、そのエンパワーメント(能力開花)に尽《つ》くしてきた池田名誉会長は、誰よりも女性を讃《たた》えてきたリーダーでもある。たとえば——。

「女性を心から尊敬《そんけい》してい

く。女性の優れた意見を大事にし、女性の知恵《ちえ》に学んでいく。

ここに、創価学会が、もう一歩、前進し、拡大し、永続的《えいぞく》に発展《はってん》していくカギがあることを心に刻《きざ》んでいただきたい。いかなる団体であれ、社会であれ、女性を下に見て、女性の力を発揮《はっき》させないところは、だんだん衰亡《すいぼう》していく。反対に、女性を大事にしたところは、長い目で見れば、必ず向上《こうじょう》していく。これは歴史の法則である」（『池田大作全集』第九十六巻所収）

これは二〇〇四年四月の本部幹部会でのスピーチの一節《いっせつ》だが、同趣旨《しゅし》の名誉会長の発言はほかにも数多い。「女性を尊重し、尊敬せよ」と、折《おり》に触れ、くり返し訴えてきたのである。

そうした姿勢は、各界の識者《しきしゃ》にも驚《おどろ》きをもって迎えられてきた。たとえば、人材育成コンサルタントで、女性やマイノリティーの人権のために幅広《はばひろ》く活動する辛淑玉《シンスゴ》氏は、かつて、インタビューで次のように述べた。

「今、男女共同参画《さんかく》についてさまざまな情報が飛《と》び交っていますが、私が知る限り、はっきりと『女性を尊敬《そんけい》せよ』と発言されたのが創価学会の池田名誉会長です。『私は信ずる。女性を差別《さべつ》する男性は、人格的にも最低であり、前世紀の遺物《いぶつ》である……女性の人格を尊敬し、彼女の活躍を心から喜べる男性が増えなければ、いつまでたっても、女性に理不尽《りふじん》な負担《ふたん》をかけ続けることになる』と。（中略）社会でリーダーと呼ばれる人で、ここまで

明言した人が他にいたでしょうか?」(『外から見た創価学会』第三文明社)
また、池田名誉会長と対談集『人道《じんどう》の世紀へ』を編《あ》んだインドの哲学者、N・ラダクリシュナン博士も、次のように語っている。
「『人間革命』の運動において、(池田会長が)女性を大切にし、女性を中心に置かれていることに対し、人類は永遠に感謝することでしょう」(『人道の世紀へ』第三文明社)
女性たちを尊敬し、賞讃《しょうさん》してやまないリーダーであること――それは、池田名誉会長を語るうえで、見落とすことのできない重要ポイントなのだ。

内面の変革《へんかく》こそ、真《しん》の「女性解放《かいほう》」

池田名誉会長(当時・会長)が一九六三年二月に発表した婦人部への指針《ししん》「婦人部に与う」は、次の一節《いっせつ》で結ばれている。

「創価学会婦人部こそ、妙法をだきしめた、真《しん》の女性解放《かいほう》の先駆者《せんくしゃ》である。自由と平和の旗《はた》を掲げた名誉を自覚《じかく》し、仲良く、楽しく、美しく前進していこうではないか」

この指針が婦人部の幹部会で発表されたときの模様《もよう》が、名誉会長の小説『新・人間革命』第七巻「操舵《そうだ》の章」に描《えが》かれている。それによれば、その場にいた婦人部員たちは「誰もが電撃《でんげき》に打たれたような思いにかられた」という。「幸福になりたい」との一心で学会活動に励んできた彼女たちは、その活動が「女性解放」としての意義ももつことに、目の覚《さ》める思いを味わったからである。

学会活動と女性解放――この二つの関係について、女性学の研究者である栗原淑江《くりはらとしえ》氏（東洋哲学研究所主任研究員）は、著書『未来をつくる女性の力』（第三文明社）の中で、女性解放運動の先駆者・平塚らいてうを通じて次のように述べている。

「『真の女性解放』とは、女性たちが『小我《しょうが》』（個人的自我《じが》）にとらわれず『大我《たいが》』（宇宙的・普遍《ふへん》的自我）に生きることの中にある、ということです。（中略）（平塚）らいてうの目指した女性解放とは、たんに制度上の男女平等のことではなく、女性たちが自身の小我にとらわれて生きることをやめ、大我に生きることであったともいえましょう。そして、創価の女性たちが信仰を通じてそれぞれ成《な》し遂《と》げていく『人間革命』とは、言いかえれば『小我を捨てて大我に生きる』ようになるプロセスにほかなりません」

自分の悩《なや》みの解決を目指して入会してくる女性たちが、学会活動に励むうち、しだいに広く社会に目を開き、心の底から他者の幸福と世界平和を祈れる女性に変わっていく――そのような内面《ないめん》の変革《へんかく》こそ、本質次元《ほんしつじげん》における「女性解放」だ、ということである。

また、栗原氏は同書で次のようにも述べている。

「SGI会長の女性論の卓越性《たくえつせい》の一つは、『無理がない』ということです。会長は、『女性は結婚すべきである』とか、『母になるべきである』、『働くべきである』などと決めつけることは一切《いっさい》ありません。固定した女性像に当てはめようとすることがないのです」

ダイバーシティ（多様性《たようせい》）の重要性が叫《さけ》ばれ、女性の多様な生き方が受け入れられるようになった昨今《さっこん》だが、池田名誉会長はそのはるか以前から、一つの型にとらわれない多様な女性の生き方を尊重してきた。そして、女性たちが桜梅桃李《おうばいとうり》のその人らしい人生を生きるよう、エールを送りつづけてきたのだ。

その意味で、名誉会長その人もまた、「真の女性解放の先駆者《せんくしゃ》」なのである。

視点19 「報恩《ほうおん》」の誠につらぬかれた半生《はんせい》

子どものころの恩《おん》を、いまも忘れない

池田名誉会長の人生をつらぬく主調音《しゅちょうおん》――それは「報恩《ほうおん》」の二字である。受けた恩をけっして忘れず、徹《てっ》して恩に報《むく》いることにおいて、名誉会長ほど誠実《せいじつ》な人物はいない。そのことを端的《たんてき》に示すのが、名誉会長が尋常《じんじょう》小学校時代の担任教師・檜山浩平《ひやまこうへい》氏に尽くしつづけた報恩の誠《まこと》である。

檜山氏は、名誉会長が羽田第二尋常小学校（現・東京都大田区立糀谷《こうじや》小学校）の五、六年生であったときに担任《たんにん》をつとめた。氏の思い出を、名誉会長はくり返し随筆《ずいひつ》等に綴《つづ》っている。中でもよく知られているのが、六年生のときに修学旅行に行った際《さい》のエピソードだ。大要《たいよう》、次のようなものである。

修学旅行は関西方面への四泊五日の旅であったが、池田少年は旅行のうれしさからか、

友人たちに気前よく菓子《かし》などを分《わ》け与え、小遣《こづか》いを一日目で使い果たしてしまう。担任としてその様子を見ていた檜山氏は、旅館の階段で池田少年を呼びとめ、こう言う。

「池田くん、きみのお兄さんたちは戦争に行っているんじゃないか。だから、きみはお父さんやお母さんにお土産《みやげ》を買って帰らなければいけませんよ」

先生の言うとおりだ……しょんぼりする池田少年を、檜山氏は階段の陰《かげ》に呼び、そっと紙幣《しへい》を握《にぎ》らせる。一円紙幣が二枚。当時の子どもにとってはかなりの大金であった。

「これで、家族にお土産を買っていきなさい」

旅行から帰り、母に土産を渡すとき、池田少年はそのことを話した。母は我が子の目を見つめ、「檜山先生のご恩は、けっして忘れてはいけませんよ」と言ったという。

母の言葉どおり、名誉会長は創価学会の会長となってからも、折《おり》に触《ふ》れ手紙を書くなどして檜山氏と交流をつづけた。一九七三年（昭和四十八年）には、宇都宮市の栃木県体育館で開かれた「第一回栃木県幹部総会」に、檜山氏夫妻を来賓《らいひん》として招待したこともある（氏は、前年に故郷・栃木県の小学校校長を定年退職していた）
名誉会長の小説『新・人間革命』第十八巻「師恩の章」に、そのときの模様が描《えが》かれている。別《わか》れ際《ぎわ》、次のように言ったという。

「檜山先生、本日は、本当にありがとうございました。今日《こんにち》の私があるのも、先生のお蔭《かげ》でございます。

先生の教え子として、誇りをもって、社会のために尽くし抜いてまいります。先生のご恩は決して忘れません」

のちに名誉会長は、自《みずか》らが撮影した写真集の扉に「経師《けいし》は遇《あ》い易《やす》く、人師《じんし》は遇い難《がた》し」(『資治通鑑』の一節《いっせつ》。「書物の講釈《こうしゃく》をしてくれる師は多くとも、人の道を教えてくれる師はなかなかいない」の意)の一文を添《そ》え、檜山氏に贈呈《ぞうてい》した。

小学校時代の恩師と、成人してからも交流をつづけている人は少なくあるまい。しかし、これほど礼を尽くし、これほど深く恩師を尊《たっと》ぶ教え子はまれであろう。

そして、名誉会長のそのような姿勢は、一人、檜山氏に対してだけのことではない。「私は若き日の大切な思い出の恩師を忘れたことはない。今にいたるまで、ずっと先生がたとの交流を続けさせていただいている」(随筆集『希望の世紀へ』(鳳書院)所収「少年時代の恩師がた」)

――かつて随筆にそう綴《つづ》ったとおり、小学校からの恩師一人ひとりに対して、礼を尽くし、誠を尽くして、その師恩に報《むく》いてきたのである。

知恩《ちおん》・報恩《ほうおん》の真心が育《はぐく》む、韓国《かんこく》・中国《ちゅうごく》との交流《こうりゅう》

「報恩」という言葉から、「家臣が主君の恩に報いる」などという、前近代的な封建《ほうけん》道徳を連想《れんそう》する人も多いだろう。だが、名誉会長にとっての「報恩《ほうおん》」は、そのような狭《せま》いものではない。

「報恩は、人間の人間たる証《あかし》といえよう。

仏典にも、釈尊《しゃくそん》は『報恩者』（恩返しをする人）と呼ばれたと説かれている」

『新・人間革命』「師恩」の章にもそんな一節があるとおり、名誉会長は仏法者としての信念から、恩を知り、恩に報《むく》いることを何よりも重《おも》んじてきたのだ。創価学会が信奉《しんぽう》する日蓮大聖人の御書にも、「報恩抄」という重書《じゅうしょ》がある。

仏法は、いかなる物事も単独で成り立つことはなく、すべては互《たが》いに依存《いぞん》し合い、影響し合って成立するとする「縁起《えんぎ》」の思想を基本に置く。人間もまた、自分一人だけで存在するのではなく、父母の恩、師恩、社会の恩などを受けることによって、初めて人間として生きることができる、ととらえる。その恩を知り、恩に報いることこそが「人間本源《ほんげん》の倫理《りんり》」なのだ。そこでいう「報恩」とは、上から強制《きょうせい》されるようなものではなく、「恩を

知る者」がおのずから抱《いだ》く感謝の念の自然な発露《はつろ》である。

　すべてを包含する「縁起《えんぎ》」の思想に基づく「恩」であるからこそ、名誉会長にとっての報恩とは、個人レベルの恩にはとどまらない。創価学会・ＳＧＩが受けた恩、ひいては日本という国が受けた恩などについても、名誉会長はそれを深く感謝し、恩に報いようとする。

　たとえば、名誉会長は韓国のことを、「日本にとって『文化大恩の国』」とくり返し賞讃し、感謝しつづけてきた。名誉会長が韓国の識者と編《あ》んだ最初の対談集『希望の世紀へ宝の架け橋』（趙文富《チョームンブ》・済州《チェジュ》大学前総長との対談／徳間書店）にも、そうした趣旨《しゅし》の発言がくり返し登場する。次のように――。

「これまでも私は、折々《おりおり》に、貴国は日本の『文化の大恩人』の国であると申し上げてきました。青年たちに、『永遠に、子孫末代《しそんまつだい》まで韓国の大恩を忘れないでいただきたい』と訴えてきました」

「歴史的事実の上から、あるいは精神性の流れの上から、あるいは仏教伝来《でんらい》など私どもが信奉する日蓮大聖人の仏法の指標《しひょう》から、『文化大恩の国』と率直《そっちょく》に表現させていただきました」

　名誉会長のリーダーシップのもと、さまざまな角度から推進されてきた学会の日韓文化交流も、一重《いちじゅう》立ち入ってとらえるなら、日本が韓国から受けた大恩に報いるための「報恩」

の行動でもあるのだ。中国についてもしかり、他の国々についてもしかり……。名誉会長にとっての知恩・報恩とは、世界を見据《みす》え、歴史を見据えた壮大なスケールのものなのである。

恩を知るからこそ、不知恩《ふちおん》の悪とは徹《てっ》して闘う

コロンビアの首都ボゴタに立つシモン・ボリバル像
© 聖教新聞社

南米大陸のアンデス五カ国をスペインによる植民地《しょくみんち》支配から解放に導《みちび》き、「ラテンアメリカ解放の父」と呼ばれたシモン・ボリバルは、「忘恩《ぼうおん》は人間があえて犯《おか》すことのできる最大の犯罪である」（ホセ・ルイス・サルセド＝バスタルド著、水野一・監訳『シモン・ボリーバル　ラテンアメ

リカ解放者の人と思想』春秋社）との言葉を遺《のこ》した。

池田名誉会長も、かつて随筆《ずいひつ》に次のように綴ったことがある。

「会長辞任《じにん》の前後から、人間の裏切りや二面性を嫌《いや》というほど、私は見てきた。

平気で大恩《たいおん》ある学会を裏切る不知恩《ふちおん》な輩《やから》を、私はどれだけ目《ま》の当《あ》たりにしてきたことであろうか。（中略）

『恩』の重さを知る人ほど、恩知らずの悪を許せるはずがない。ゆえに、真の報恩《ほうおん》の人とは、不知恩の悪を打倒《だとう》する闘争の人となるのだ」（「随筆　人間世紀の光」第四十六回／『聖教新聞』二〇〇四年九月三日付）

この言葉のとおり、名誉会長は若き日より、不知恩の輩と徹《てっ》して闘いつづけてきた。その代表例が、宗門の悪侶《あくりょ》どもとの言論闘争――日蓮仏法を民衆の手に取《と》り戻《もど》す「仏法ルネサンス」の闘い――である。

学会員の真心の供養《くよう》を贅沢《ぜいたく》ざんまいに費消《ひしょう》し、そのあげくに学会を切り捨て、宗門興《こう》隆《りゅう》の大功労者たる池田名誉会長までも無情《むじょう》に切り捨てた宗門。それは、日蓮仏法を奉《ほう》じる者にあるまじき、恐るべき不知恩の所業《しょぎょう》であった。だからこそ、名誉会長は宗門の「衣《ころも》の権威《けんい》」に徹底闘争を挑《いど》んだ。

名誉会長は言う。「私にとっての会員への恩返しとは、学会を裏切った輩から、健気《けなげ》な会員を断固《だんこ》守り抜く闘争であった」（同前「随筆　人間世紀の光」）と……。

宗門との闘争もまた、名誉会長にとって「報恩」の一つの形であった。否《いな》、むしろ不知恩の悪と闘うことは、報恩の欠《か》くべからざる一面であるといってよい。その闘いなくして、真の報恩はけっして成り立たないのだ。

そして今日《こんにち》、SGIは世界百九十二ヵ国・地域に大発展。一方、宗門の信徒は全盛期の二パーセントにまで激減《げきげん》した。勝敗も正邪《せいじゃ》も、いまや歴然《れきぜん》としている。

「師の恩に報《むく》いん」とする赤誠《せきせい》が、行動の原動力《げんどうりょく》

「報恩抄」は、日蓮大聖人が若き日に仏法を学んだ道善房《どうぜんぼう》の訃報《ふほう》に接し、師への報恩の意を込めて著《あらわ》されたものである。

道善房《どうぜんぼう》は、民衆救済《きゅうさい》へと力強く歩み抜く大聖人を、地頭《じとう》・東条景信《とうじょうかげのぶ》の迫害から守れなかった。また、正法《しょうほう》に帰依《きえ》することもできなかった。にもかかわらず、大聖人は道善房の師恩を忘れず、追善《ついぜん》に心を尽くした。仏法の世界において、師恩はそれほどかけがえないのである。ましてや、真に偉大な師、広布の大道に導いてくれた師の恩の深さはいかばかりか――。

池田名誉会長にとって、「人生の師」戸田第二代会長から受けた師恩は、あらゆる恩のうちでもひときわ重く、かけがえのないものであるに違いない。だからこそ、名誉会長は師への報恩に全身全霊《ぜんしんぜんれい》で取り組んできた。会長就任から現在までのすべての行動は、煎《せん》じつめれば戸田二代会長への報恩《ほうおん》のための行動であったといっても過言《かごん》ではない。

また、米・ハーバード大学など世界の名門学府・学術機関で行《おこな》った、三十二回を数える講演についても、「すべて、ちっぽけな島国根性《こんじょう》の日本で迫害されてきた、偉大なる師の思想を、広々と全世界に宣言《せんげん》し、流通《るつう》しゆく知性の戦であった」としている（「随筆　人間世紀の光」第一二九回／『聖教新聞』二〇〇七年四月六日付）。

同じ随筆に、次のような一節もある。

「昭和三十九年の（戸田会長）七回忌には、師の遺言《ゆいごん》である広布《こうふ》三百万世帯を遥《はる》かに超《こ》える拡大をもって、私は恩師に報告申し上げた。嬉《うれ》しかった。本当に満足した」

そのように、名誉会長のあらゆる行動は、師の恩に報《むく》いんとする赤誠《せきせい》が原動力となっている。名誉会長の歩みは、亡《な》き師への報恩という揺《ゆ》るがぬ一点につらぬかれているのだ。

名誉会長はまさに「報恩の人」であり、「報恩」というファクターを抜きにしてその人物像を論ずることはできない。そして、世界中にいる名誉会長の弟子たちもまた、師の恩に報いんとする一念から、それぞれの使命の舞台《ぶたい》で闘いつづけている。創価学会／SGI

は、報恩の尊さを訴えつづけてきた名誉会長が築き上げた、グローバルな〝報恩のネットワーク〟でもあるのだ。

とかく「恩」ということが見失われがちな現代社会にあって、そのネットワークはいや増《ま》して光彩《こうさい》を放《はな》っている——。

視点20 世紀を超《こ》える「師弟不二《していふに》」の絆《きずな》

十九歳の夏から不変《ふへん》の「師弟の絆」

池田名誉会長について語るとき、けっして忘れてはならない最重要のキーワード――それが「師弟《してい》」の一語だ。

名誉会長は一九四七年（昭和二十二年）、十九歳の夏に、生涯《しょうがい》の師・戸田城聖《じょうせい》（のちの創価学会第二代会長）と運命的な邂逅《かいこう》を果《は》たした。戸田会長は昭和三十三年に五十八歳で世を去《さ》ったため、名誉会長が師のそばで生きることができた期間は、わずか十年あまりであった。だが、その間に師から受けた薫陶《くんとう》こそが、その後の名誉会長の歩みをすべて決定づけたといっても過言《かごん》ではない。

「私の人生に、戸田城聖という恩師《おんし》がいなかったとしたら、今日の私は無にひとしい存在であったにちがいない」（随筆《ずいひつ》集『私はこう思う』）とまで、名誉会長は語っているのだ。

毎月行われる創価学会「本部幹部会」でのスピーチの中で、名誉会長はいまなお、毎回といってよいほど戸田会長について言及《げんきゅう》する。亡《な》くなって半世紀以上を経《へ》たいまなお、名誉会長の心の中心軸《じく》には厳然《げんぜん》と師・戸田城聖がいるのだ。

米「デューイ協会」の前会長、ジム・ガリソン博士（バージニア工科大学教授）は、二〇〇八年八月に池田名誉会長と会見したときの印象《いんしょう》を、次のように語っている。

「SGI会長とお会いし、会長が師匠《ししょう》である戸田第二代会長との出会いを語られた時の、若々しい眼《め》の輝《かがや》きを私は忘れることができません。

八十歳のSGI会長の眼が、十九歳の青年の輝きを放《はな》った時、私は一切を蘇生《そせい》に導《みちび》く原点である『師弟の絆《きずな》』の意義《いぎ》を垣間見《かいまみ》る思いがしたのです」（『聖教新聞』二〇〇九年九月十九日付）

そのような峻厳《しゅんげん》なる「師弟の絆」を前提《ぜんてい》としないかぎり、池田名誉会長という人物の卓《たく》越性《えつせい》を理解することはけっしてできない。ひいては、創価学会／SGIについて深く理解することもできないだろう。「ガンジー、キング、イケダ――平和建設の遺産《いさん》」展の提唱《ていしょう》者《しゃ》ローレンス・エドワード・カーター博士（米・モアハウス大学「キング国際チャペル」所長）も指摘《してき》するとおり、「SGIの世界的な発展は、牧口初代会長、戸田第二代会長の理想を断《だん》じて実現すると決めた、池田博士の師弟誓願《せいがん》の行動の結実《けつじつ》にほかならない」からである。

すべては「師の構想《こうそう》」実現のために

「民衆を守り育《はぐく》む、戸田先生のご構想を実現するために」

——戸田会長亡きあと、名誉会長が幾度《いくど》となくくり返してきた言葉である。

たとえば、創価大学の創立（一九七一年）は、一九五〇年（昭和二十五年）十一月、名誉会長が二十二歳のときに戸田会長から聞いた次のような構想を実現したものだ。

「大作、創価大学をつくろうな。私の健在《けんざい》のうちにできればいいが、だめかもしれない。その時は大作、頼むよ。世界第一の大学にしようではないか」（『聖教新聞』一九九九年九月十四日付「創価大学本部棟落成祝賀会《とうらくせい》でのスピーチ」）

また、創価学会機関紙『聖教新聞』の創刊についても、同じく一九五〇年の八月と十二月に、戸田会長から構想を語られたことが、その淵源《えんげん》となっている。

「学会も、いつか、新聞を持たなければならない。大作、よく考えておいてくれ」（「随筆　新・人間革命」278／『聖教新聞』二〇〇二年八月二十五日付）

創価学会が展開してきた広範《こうはん》な平和運動も、師の「遺訓《いくん》」たる「原水爆禁止宣言《げんすいばく》」（一九五七年）を世界に宣揚《せんよう》し、その構想を具現化《ぐげんか》しようとする名誉会長の情熱が源《みなもと》である。

そして名誉会長は、一九九六年（平成八年）に創立した「戸田記念国際平和研究所」について、次のように述べている。

「師の名前を冠《かん》した国際的な平和研究所の創立は、私の年来《ねんらい》の願望《がんぼう》であった。（中略）戸田記念国際平和研究所の創設は、いわば二十世紀の私の活動の総仕上げともいうべき事業であり、これで師の構想《こうそう》は、ひとまず、すべて実現し得たとの感慨《かんがい》があった」（毎日新聞社『大道を歩む』Ⅳ）

十九歳での戸田会長との出会いから、師の構想を「ひとまず、すべて実現し得た」との感慨を得た戸田記念国際平和研究所の創設までは、じつに四十九年間。それだけの年月を、名誉会長は「師の構想」実現に奔走《ほんそう》してきたのだ。

「師の構想を実現」と一口《ひとくち》に言っても、その構想が語られた当時の状況を鑑《かんが》みれば、傍目《はため》には夢物語《ゆめものがたり》にしか思えないものも多々あったろう。たとえば、戸田会長が池田青年に創価大学や「聖教新聞」の構想を語った一九五〇年の後半、戸田会長の事業は最大の苦境《くきょう》にあり、巨額《きょがく》の負債《ふさい》を抱《かか》えて返済のめどすら立っていなかった。

そんな状況《じょうきょう》にあって語られた遠大《えんだい》なる構想を、しかし池田青年は夢物語に終わらせなかった。真正面《ましょうめん》から受けとめ、実現を心に誓《ちか》い、半世紀がかりの長い闘《たたか》いの中で一つ残らず実現したのである。その一点だけをとっても、名誉会長にとって師の存在がどれほど大

戸田第二代会長と語らう若き池田名誉会長（1957年8月、北海道）
©聖教新聞社

きなものであるかがわかる。そして、「師とともにどこまでも歩み抜く」という弟子としての最高の範《はん》が、ここには示されているといえよう。

名誉会長はかつて、作家・松本清張《せいちょう》氏との対談（『文藝春秋』一九六八年二月号）で次のように語っている。

「わたしは師から教わったことをそのまま墨守《ぼくしゅ》するのでなくして、それをいかに現代に生かし実践していくか、というのが、わたしの仕事だと思っています」

すなわち、「大学を作ろう」という師の言から創価大学を創立したような、明確な対応関係がある事柄《ことがら》のみが「師の構想の実現」なのではない。一重《いちじゅう》立ち入って考えるならば、現在までの名誉会長の行動のすべて、打つ手のことごとくは、亡《な》き師にかわってその構想を実現するためにあるのだ。

逆境《ぎゃっきょう》の中でこそ「師弟の絆」が試《ため》される

順境《じゅんきょう》のときに師とともに闘うことは、ある意味でたやすい。師弟《してい》の絆《きずな》の強さ、峻厳《しゅんげん》さが試されるのは、師とともに歩み抜くには自らのすべてを投げ出さねばならぬような逆境《ぎゃっきょう》のさなかである。

創価学会の歴史に即《そく》していえば、戦時中の弾圧《だんあつ》で創価教育学会のおもな幹部が逮捕《たいほ》されたときや、戦後に戸田会長（当時・理事長）の事業が暗礁《あんしょう》に乗り上げたときが、その逆境にあたる。真の弟子であるか否《いな》かが、そのとき厳《きび》しく試されたのだ。

戦時中の弾圧に際し、師・牧口初代会長とともに入獄《にゅうごく》した戸田会長は、一九四六年（昭和二十一年）十一月十七日に営《いとな》まれた牧口会長の学会葬（三回忌法要《きほうよう》）の席上、追悼文《ついとうぶん》で亡き師にこう語りかけた。

「あなたの慈悲《じひ》の広大無辺《こうだいむへん》は、わたくしを牢獄《ろうごく》まで連れていってくださいました」

師とともに獄《ごく》につながれたことを、〃それこそが師の深き慈悲であり、弟子としての誉《ほま》れ、無上《むじょう》の幸福である〃と言い切ったのだ。この報恩《ほうおん》の誠《まこと》の中にこそ「師弟の絆」はあり、それは戸田会長と池田名誉会長へと受け継がれた。

一九四九年（昭和二十四年）から翌五〇年にかけては、戸田会長の事業が暗礁《あんしょう》に乗り上げて学会の理事長職も退《ひ》いた時期。その逆境《ぎゃっきょう》のさなかにあって、青年時代の池田名誉会長はただ一人師を支え、苦闘《くとう》をつづけた。他の社員の多くは給料遅配《ちはい》などの事態《じたい》に動揺《どうよう》し、一人去り、二人去りしていった。

当時の池田青年の苦境を伝える小さな逸話《いつわ》として、冬物の洋服が買えずにワイシャツだけで冬をすごした、深夜にアパートに帰ってたくあんだけの夜食《やしょく》をとった、などというものがある。もともと病弱で、結核《けっかく》も完治《かんち》していなかった池田青年の体調は、激務《げきむ》の日々でさらに悪化した。

だが、そんな四面楚歌《しめんそか》の中にあっても、池田青年の師に対する赤誠《せいせき》には一点の曇《くも》りもなかった。たとえば、当時の日記には次のような印象的な一節《いっせつ》がある。

「嵐の前夜を思わせる、一日一日である。刻一刻と深刻なる事態の肉迫《にくはく》を受く。

二十二歳の、青春――これが、決定されていた、師弟の縁《えにし》か。

（中略）

先生も、本当に、お苦しい様子。悔《くや》し涙が一杯。

そして、師に続き苦しみゆける、感涙《かんるい》が一杯」（「若き日の日記」『池田大作全集』第

三十六巻所収）

二十二歳の池田名誉会長は、師とともに苦闘《くとう》できることを弟子としての誉れとし、嘆《なげ》くどころかむしろ歓喜していたのである。

池田青年は、前年（四九年）の一月に戸田会長から「君が頼りだ。仕事もますます忙しくなる。ついては、夜学のほうも断念してもらえないだろうか」と言われたとき、少しの逡巡《しゅんじゅん》もなくこう答えたという。

「喜んでやめます。必ず事業を立て直して、先生をお守りします」

自らの人生を投じ、命を削《けず》って師に仕え切る覚悟は、すでに定まっていたのだ。

一方、当時の学会幹部の中には、戸田会長の苦境を機に離反《りはん》していく者も少なくなかった。

師を支えて懸命《けんめい》に奔走《ほんそう》する池田青年に対し、ある幹部は「戸田なんかに使われるのはやめたまえ。体まで壊《こわ》して、ばからしいじゃないか」と言い、別のある幹部は「戸田につかないで、俺の方の商売をやっていけ」と言ったという。二人とも、それまで戸田会長にさんざん世話になったにもかかわらず、逆境《ぎゃっきょう》に直面して馬脚《ばきゃく》を現《あらわ》したのである。彼らの心には、もとより「師弟の絆」などなかった。二人の幹部はのちに学会を去り、人生に敗れた無惨《むざん》な姿をさらすことになったという。

当時を振り返って、のちに池田名誉会長はこう語っている。
「誰も『戸田先生』と言《い》わなかった時、私がひとり『戸田先生、戸田先生』と叫《さけ》んだ。叫び続けたんだ。師匠の名前を呼ぶ。叫ぶ。それが大事なんだ。『戸田先生』と叫ぶことで、私は学会を守ったんだ」（『若き指導者は勝った』聖教新聞社）
戸田第二代会長の苦境《くきょう》に際し、断《た》ち切《き》られかけていた師弟の絆――それを守り抜いたのは、一人、池田青年であったのだ。

「師弟の絆」こそ、創価学会／SGIの生命線《せいめいせん》

アメリカの著名《ちょめい》な仏教研究家で、米国最大の仏教専門誌『トライシクル』の元編集長であるクラーク・ストランド氏は、多くのSGIメンバーと接するなどの実践的研究をふまえ、創価学会の「師弟《してい》」について次のように結論づけている。

「三代会長の『師弟』が他に類例《るいれい》を見ないのは、すべての学会員がそれを自らの模範《もはん》としている点である。師匠への深い感謝の念は、自分も成長し、良き先輩として後輩の育成にあたろうという思いに変わる」

創価学会における「師弟」とは、弟子が師にひたすら追従《ついじゅう》するような受動《じゅどう》的関係ではな

い。弟子たちの生命の奥底《おうてい》に勇気と確信を育《はぐく》み、民衆を守るリーダーへと鍛《きた》え上げていく能動的《のうどう》関係なのである。ストランド氏は、そのことに驚いたのだ。

池田名誉会長は、半世紀にわたり戸田第二代会長との「師弟不二」の姿勢をつらぬいてきた。そして、そのことによって全国・全世界の創価学会・ＳＧＩメンバーにこのうえない範《はん》を示し、進むべき道を示してきた。弟子たち一人ひとりもまた、それぞれの人生の中で逆境《ぎゃっきょう》に直面したとき、「師弟の絆」を試されるのだ。

名誉会長は、随筆で綴《つづ》っている。

「『常勝』とは、師弟不二の宝冠《ほうかん》なのである」（『聖教新聞』二〇〇九年八月十六日付「随筆 人間世紀の光」）

師・戸田城聖との「師弟不二」と、世界中の弟子たちとの「師弟不二」——それこそが、名誉会長の歩みをつらぬく太い通奏低音《つうそうていおん》であり、すべての勝利の原動力なのである。

○**世界広宣流布への旅**

1958年（昭和33年）3月

「昨日はメキシコへ行った夢をみたよ。大作、君の本当の舞台は世界だよ」

『随筆 師弟の光』より

⇒1996年6月、 世界54ヵ国・地域を訪問

○**広布拡大**

昭和32年暮れ・昭和33年2月

「大作、あと七年で二百万世帯まで戦いたい」「三百万世帯だ」

⇒1962年昭和37年11月　300万世帯を達成

「一千万人の人が信心をする時代がきたら、すごいことになるぞ。楽しみだな…」

『聖教新聞』2003年5月17日付「随筆 新・人間革命」より

⇒2007年（平成19年）現在　827万世帯に拡大
⇒2008年4月　ＳＧＩ会員が192ヵ国・地域に拡大

○**世界的指導者との友好**

1953年（昭和28年）　水滸会での語らいにて

「(今に)外国人を招く。（中略）毛沢東や周恩来、ネルー首相…」

『若き指導者は勝った』より

⇒ゴルバチョフ元ソ連大統領、周恩来中国首相、サッチャー英国首相、マンデラ南アフリカ大統領など約7000人との世界的指導者・識者との対話を実現

○**アジア広布実現に向け**

1957年（昭和32年）10月

「東洋広布を頼む」

『聖教新聞』2002年1月17日付「随筆 新・人間革命」より

⇒1962年1月27日　　東洋哲学研究所を設立

池田名誉会長が実現した主な戸田第二代会長の構想

○創価大学建設

1950年（昭和25年）11月16日

『大作、創価大学をつくろうな』
『世界第一の大学にしようではないか』

「第16回創友会・第5回鳳友会合同総会スピーチより」

1954年（昭和29年）9月

「学会本部のある信濃町からバス２台で出発。　私は、戸田先生と共に一号車であった。途中、八王子を通った時のことである。車窓に武蔵野の大地を眺めながら、先生が言われた『いつか、この方面に創価教育の城をつくりたいな』」

『随筆　春風の城』より

⇒1971年（昭和46年）4月2日　創価大学が開学
⇒1985年（昭和60年）4月2日　創価女子短期大学が開学
⇒2001年（平成13年）5月3日　アメリカ創価大学が開学

○原水爆禁止宣言はじめ平和思想の宣揚

1957年9月8日　原水爆禁止宣言

「核あるいは原子爆弾の実験禁止運動が、今世界に起こっているが、私はその奥に隠されているところの爪をもぎ取りたいと思う。」

『戸田城聖全集4』より

⇒1996年2月11日　戸田記念国際平和研究所の設立

○広宣流布の旅

1958年（昭和33年）3月

「君たちが真心で作ってくれた“車駕”に乗って日本中を回りたいな」

『随筆　春風の城』より

⇒1967年　全47都道府県への訪問を達成

【主な参考文献】

『人間革命』（全十二巻／池田大作／聖教新聞社）
『新・人間革命』（一〜二十一巻／池田大作／聖教新聞社）
『大道を歩む――私の人生記録』（Ⅰ〜Ⅳ／池田大作／毎日新聞社）
『私の履歴書』（池田大作／聖教新聞社）
『若き日の日記』（全四巻／池田大作／聖教新聞社）
『二十一世紀への対話』（全四巻／池田大作、A・トインビー／聖教新聞社）
『21世紀文明と大乗仏教――海外諸大学講演集』（池田大作／聖教新聞社）
『私の世界交友録』（池田大作／読売新聞社）
『私の人間学』（上下巻／池田大作／読売新聞社）
『地球市民の讃歌』（池田大作／潮出版社）
『随筆　人間世紀の光』（池田大作／聖教新聞社）
『香峯子抄――夫・池田大作と歩んだひとすじの道』（主婦の友社）
『創価学会三代会長年譜』（上・中／三代会長年譜編纂委員会／創価学会）

『池田大作の軌跡』（Ⅰ～Ⅳ／池田大作の軌跡編纂委員会／潮出版社）
『池田大作　行動と軌跡』（前原政之／中央公論新社）
『若き指導者は勝った』（聖教新聞社編集局・編／聖教新聞社）
『人間の中へ』（1～7／吉村元佑／第三文明社）
『世界の識者が語る池田大作』（鳥飼新市／潮出版社）
『世界の識者が語る池田大作ＳＧＩ会長との出会い』（潮出版社）
『世界が見た池田大作』（東洋哲学研究所・編／第三文明社）
『中国の碩学が見た池田大作』（高橋強／第三文明社）
『宗教はだれのものか』（青山樹人／鳳書院）
『聖教新聞』（聖教新聞社）
『潮』（潮出版社）
『第三文明』（第三文明社）
『パンプキン』（潮出版社）

本書は月刊誌『第三文明』に連載された『平和・文化・教育の大道　池田名誉会長を語る』（二〇〇八年五月号～二〇〇九年十二月号）を基に、一部加筆・再編集したものです。

著者略歴

前原政之（まえはら・まさゆき）

1964年、栃木県生まれ。著書に『池田大作　行動と軌跡』（中央公論新社）、『平和への道——池田大作物語』（金の星社）『ガンディー伝／偉大なる魂・非暴力の戦士』（第三文明社）など。

池田大作《いけだだいさく》　20の視点《してん》——平和・文化・教育の大道

2010年6月6日／初版第1刷発行

著　者　前原政之《まえはらまさゆき》
発行者　大島光明
発行所　株式会社　第三文明社
東京都新宿区新宿1-23-5
郵便番号 160-0022
電話番号　営業代表 03-5269-7145
編集代表 03-5269-7154
振替口座 00150-3-117823
U R L　http://www.daisanbunmei.co.jp
印刷所　明和印刷株式会社
製本所　大口製本印刷株式会社

©MAEHARA Masayuki 2010　Printed in Japan

ISBN 978-4-476-06211-3

落丁・乱丁本はお取り換えいたします。ご面倒ですが、小社営業部宛お送りください。
送料は当方で負担いたします。